डिझेल मेकॅनिक हिंन्दी MCQ

मनोज डोळे

डिजिटाइजेशन समय की मांग है। भविष्य में, प्रशिक्षण को अधिक सुविधाजनक और आसान बनाने के लिए ऑनलाइन इंटरनेट का उपयोग करके औद्योगिक प्रशिक्षण संस्थानों में प्रशिक्षण आयोजित करने की आवश्यकता होगी। एमसीक्यू प्रश्नों के एक सेट वाली ई-पुस्तकें प्रशिक्षुओं को उपलब्ध कराई जाएंगी क्योंकि उन्हें अपने औद्योगिक प्रशिक्षण संस्थानों में होने वाली ऑनलाइन परीक्षाओं की तैयारी के लिए बहुविकल्पीय प्रश्नों एमसीक्यू के अधिक आदी होने की आवश्यकता है।

इन सब बातों को ध्यान में रखते हुए औद्योगिक प्रशिक्षण संस्थान सतारा के प्रशिक्षक श्री मनोज मधुकर डोले ने नई वार्षिक प्रणाली और एनएसक्यूएफ-5 पाठ्यक्रम के अनुसार पुस्तकें लिखी हैं। और उन्होंने प्रशिक्षण को आसान बनाने के लिए सैद्धांतिक मोबाइल ऐप और ब्लॉग बनाए हैं, और इन सभी शैक्षिक सामग्री को विश्व प्रसिद्ध वेबसाइटों Google Play Store, Amazon और Apple Book Store पर डाउनलोड के लिए उपलब्ध कराया है।

पुस्तकों का प्रकाशन माननीय सहसंचालक श्री राजेंद्र घुमे साहेब प्रादेशिक व्यावसायिक शिक्षण व प्रशिक्षण कार्यालय, पुणे द्वारा दिनांक 9/1/2019 को किया गया, इस समय श्री प्रकाश सहगवकर साहब प्राचार्य शासकीय औद्योगिक प्रशिक्षण संस्थान औंध पुणे, श्री तुकाराम मिसाल साहेब प्राचार्य सरकार प्र. संस्था सतारा, श्री सचिन धूमल साहब जिला व्यावसायिक शिक्षा एवं प्रशिक्षण अधिकारी सतारा, श्री यतिन परगांवकर साहब प्राचार्य शासन. Q. संस्था कोल्हापुर, श्री विकास टेक साहब इंस्पेक्टर वोकेशनल एजुकेशन एंड ट्रेनिंग रीजनल ऑफिस पुणे, पालेकर फूड्स प्रोडक्ट्स प्रा. लि. सतारा के उदयमी अध्यक्ष श्री नीलकंठराव पालेकर साहब, हीरा फूड्स के अध्यक्ष श्री इब्राहिम बाबा तंबोली साहब, श्रीमती शाल्मली पवार मुख्याध्यापिका शासकीय तकनीकी विद्यालय केंद्र सतारा सहित अन्य गणमान्य व्यक्ति इस अवसर पर उपस्थित थे।

क्रम-सूची

प्रस्तावना

डिझेल मेकॅनिक हिंन्दी MCQ में आईटीआई इंजीनियरिंग कोर्स मैकेनिक डीजल, एनएसक्यू एफ -5 सिलेबस 2022 सिलेबस के लिए एक सरल ई-बुक है। इसमें रेखांकित और बोल्ड सही उत्तरों के साथ वस्तुनिष्ठ प्रश्न शामिल हैं, एमसीक्यू में सभी विषयों को शामिल किया गया है, जिसमें उपकरण और उपकरण, कच्चे माल, मापने, अंकन उपकरण, बुनियादी बन्धन और फिटिंग संचालन, आर्क और गैस वेल्डिंग, हाइड्रोलिक्स का उपयोग करके वेल्डिंग जोड़ों के बारे में सभी शामिल हैं। और न्यूमेटिक्स घटक, वायु और हाइड्रोलिक ब्रेक सिस्टम, एलएमवी का डीजल इंजन, सिलेंडर हेड, वाल्व ट्रेन, पिस्टन, कनेक्टिंग रॉड असेंबली क्रैंकशाफ्ट, फ्लाईव्हील और माउंटिंग फ्लैंग्स, स्पिगोट और बियरिंग्स, कैंषफ़्ट, कूलिंग, स्नेहन, इंटेक और इंजन की निकास प्रणाली, स्टार्टर, अल्टरनेटर और बहुत कुछ।

हम प्रत्येक नए संस्करण के साथ नए प्रश्न उत्तर जोड़ते हैं। किसी भी त्रुटि/चूक के मामले में कृपया हमें ईमेल करें। यह यकीनन सभी इंजीनियरिंग बहुविकल्पीय प्रश्नों और उत्तरों के लिए सबसे बड़ी और सर्वश्रेष्ठ ई-बुक है।

एक छात्र के रूप में आप इसे अपनी परीक्षा की तैयारी के लिए उपयोग कर सकते हैं। यह ई-पुस्तक प्रोफेसरों के लिए सामग्री को ताज़ा करने के लिए भी उपयोगी है।

भूमिका

डीजीईटी नई दिल्ली और सीएसटीएआरआई कोलकाता अगस्त 2018 सत्र से आईटीआई में सभी व्यवसायों के लिए एक वार्षिक पैटर्न लागू कर रहे हैं। परीक्षा प्रणाली में भी बदलाव किया जाएगा और यह इस साल से ऑनलाइन हो जाएगी और चूंकि सभी प्रश्न वस्तुनिष्ठ प्रकार (एमसीक्यू) के हैं, इसलिए प्रशिक्षुओं को गहन अध्ययन की सख्त जरूरत है। इसे ध्यान में रखते हुए हमें पुराने NIMI पैटर्न पर आधारित पुस्तकें और नए वार्षिक पैटर्न का संपूर्ण अवलोकन प्रस्तुत करते हुए प्रसन्नता हो रही है, और हम आशा करते हैं कि ये पुस्तकें सभी व्यावसायिक निदेशकों और प्रशिक्षुओं के लिए एक मार्गदर्शक होंगी। है।

इन पुस्तकों को लिखने के लिए आईटीआई अकलुज के प्राचार्य जोहर अवाटे साहब ने कहा। आईटीआई सतारा सहगवकर साहब के पूर्व प्राचार्य, सहायक निदेशक श्री चंद्रकांत ढेकने साहेब क्षेत्रीय व्यावसायिक शिक्षा एवं प्रशिक्षण कार्यालय, पुणे, जिला व्यावसायिक शिक्षा एवं प्रशिक्षण अधिकारी सचिन धूमल साहेब एवं प्रधानाध्यापक शासकीय तकनीकी विद्यालय केन्द्र शाल्मली पवार मैडम एवं पुत्र अधिराज डोले, माता कुसुम डोले , मैं अपने पिता मधुकर डोले और पत्नी अश्विनी डोले को समय-समय पर उनके विशेष मार्गदर्शन और सहयोग के लिए बहुत आभारी हूं।

साथ ही, बहुत ही कम समय में श्री राजेन्द्र घुमे साहेब, संयुक्त निदेशक, व्यावसायिक शिक्षा और प्रशिक्षण क्षेत्रीय कार्यालय, पुणे द्वारा पुस्तक के प्रकाशन में उनके अमूल्य समय के लिए पुस्तक की समीक्षा की गई। मैं उनकी प्रतिक्रिया के लिए ह्रदय से आभारी हूँ।

पुस्तक लिखने की शुरुआत से ही निरंतर समर्थन के लिए मैं आईटीआई सतारा के प्रशिक्षक का आभारी हूं।

इस पुस्तक से, मैं खुद को धन्य मानता हूं कि मैंने आपके साथ ई-लर्निंग पर अपने विचार साझा किए। मैं यह दावा नहीं करूंगा कि यह पुस्तक पूर्ण है, क्योंकि पूर्णता को देखते हुए यह पुस्तक एक प्रयास है और अपनी शैशवावस्था में है। यदि उनका परीक्षण और सुझाव दिया जाए तो वे सुधार के लिए मूल्यवान होंगे।

मनोज डोले

दिनांक 9/1/2019

पावती (स्वीकृति)

21वीं सदी में औद्योगिक क्षेत्र में तेजी से बढ़ती मांग के अनुरूप बहु-कुशल कारीगरों की आपूर्ति के लिए व्यावसायिक शिक्षा और प्रशिक्षण विभाग के माध्यम से व्यावसायिक शिक्षा और प्रशिक्षण विभाग के माध्यम से व्यावसायिक शिक्षा और प्रशिक्षण प्रदान किया जाता है। संस्थानों के भीतर सभी व्यवसाय महत्वपूर्ण हैं, क्योंकि इन व्यवसायों के प्रशिक्षु उद्योग की मांगों के अनुसार बहु-कौशल विकसित करते हैं।

सभी व्यवसायों के लिए उपयुक्त एमसीक्यू ई-पुस्तकें उपलब्ध कराने के नेक इरादे से, यह देखते हुए कि औद्योगिक क्षेत्र के सभी उद्योगों में सभी परीक्षाएं ऑनलाइन आयोजित की जाती हैं और इसमें एमसीक्यू पद्धति के प्रश्न शामिल होते हैं। श्री मनोज मधुकर डोले ने नए वार्षिक पाठ्यक्रम के अनुसार एमसीक्यू पद्धति पर एक बहुत अच्छी ई-बुक लिखी है। यह ई-पुस्तक निश्चित रूप से सभी प्रशिक्षुओं, प्रशिक्षु उम्मीदवारों, प्रशिक्षण प्रशिक्षकों और अन्य संबंधितों के लिए एक मार्गदर्शक होगी।

पुस्तक के लेखक श्री मनोज मधुकर डोले, इंस्ट्रक्टर गॉव आईटीआई सतारा को 17 साल का प्रशिक्षण अनुभव है। एक नए वार्षिक पैटर्न के रूप में लिखी गई, यह ई-बुक प्रत्येक विषय के लिए लेआउट, सरल भाषा और सरल सिंटैक्स, आरेख और वीडियो को समझने के लिए आधुनिक डिजिटल क्यूआर कोड तकनीक को शामिल करती है। इसलिए मुझे विश्वास है कि यह ई-पुस्तक निश्चित रूप से गहन अध्ययन और परीक्षा अभ्यास के लिए उपयोगी होगी। उन्होंने जो कार्य किया है वह निश्चित रूप से काबिले तारीफ है।

श्री तुकाराम मिसाल
प्राचार्य शासकीय औद्योगिक प्रशिक्षण संस्था सातारा.

आमुख

हमारे औद्योगिक प्रशिक्षण संस्थानों की औद्योगिक प्रशिक्षण और सैद्धांतिक परीक्षा प्रणाली और इन परिवर्तनों को शिल्प प्रशिक्षकों और प्रशिक्षुओं द्वारा स्वीकार किया गया है। आपके औद्योगिक प्रशिक्षण संस्थानों में आयोजित सैद्धांतिक परीक्षाएं भी ऑनलाइन आयोजित की जाती हैं। चूंकि ये परीक्षाएं बहुविकल्पीय एमसीक्यू पद्धति की हैं, इसलिए प्रशिक्षुओं को ऐसे प्रश्नों का अधिक अभ्यास करने की आवश्यकता होगी।

इन सब बातों को ध्यान में रखते हुए श्री मनोज मधुकर, निदेशक, डोले क्राफ्ट्स, कटारी औद्योगिक प्रशिक्षण संस्थान, सतारा, ने नई वार्षिक प्रणाली और NSQF-5 के अनुसार, गहन अध्ययन किया है और अपनी मेहनत से और अपनी गहरी बुद्धि को जोड़ा है। पाठ्यक्रम, कटारी और अन्य मशीन ट्रेडों की ई-बुक। -बुक) और उन्होंने प्रशिक्षण को आसान बनाने के लिए सैद्धांतिक विषयों पर मोबाइल ऐप और ब्लॉग बनाए हैं और इन सभी शैक्षिक सामग्री को विश्व प्रसिद्ध वेबसाइटों Google Play Store, Amazon और Apple Book Store पर डाउनलोड के लिए उपलब्ध कराया है। प्रिंट संस्करण बनाकर और क्यूआर कोड जैसी उन्नत तकनीकों का उपयोग करके प्रशिक्षण को आसान बना दिया गया है।

ये सभी शैक्षिक सामग्री निश्चित रूप से सभी प्रशिक्षुओं के लिए गहन अध्ययन के लिए और शिल्प प्रशिक्षकों और अन्य संबंधितों के लिए एक मार्गदर्शक होगी जो व्यावसायिक प्रशिक्षण प्रदान कर रहे हैं।

1

डिझेल मेकॅनिक हिंन्दी MCQ Drawing

Online Test Exam
ITI Books
CNC Course
AutoCAD CAM
JOB & Apprentice
Online Theory
Computer Course
Trading Course
Web Designing
MSCIT Course
Shopping Business
Internet Business
Remotasks Course
Online Services
Top Sportsmans
Indian Army
Freedom Fighters
Top Scientists
Social Reformers
Motivational Speaker
Top Richest People
Join WhatsApp Group
Join Facebook Group
Like Facebook Page
PAN / Adhar / Licence Passport

Fire extinguisher

Calliper

Hacksaw frame

Universal surface guage

Hammer

Centre punch

Bench vice

Files

Scraper

Surface Plate

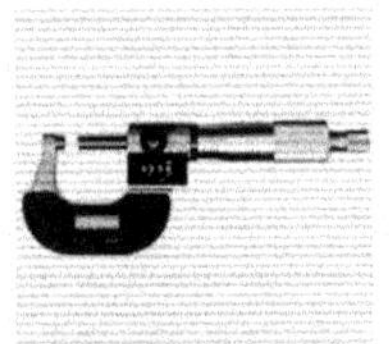

Outside Micrometer

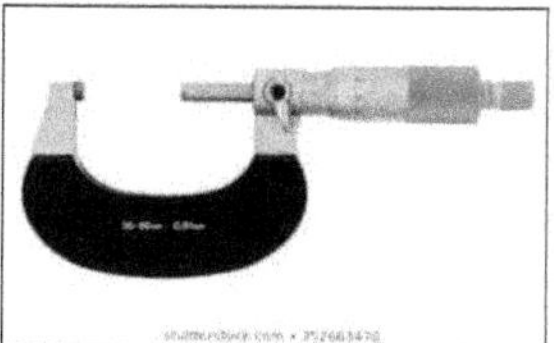

Micrometer

Depth micrometer

Vernier Calliper

Vernier bevel protractor

Drilling

Reamer

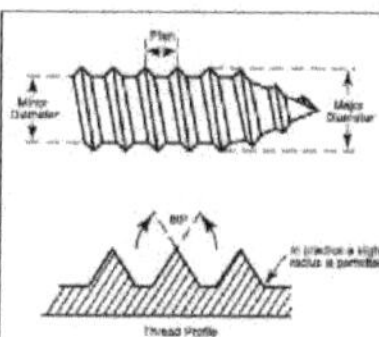

Thread

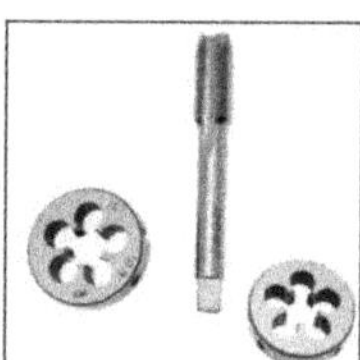

Tap Die

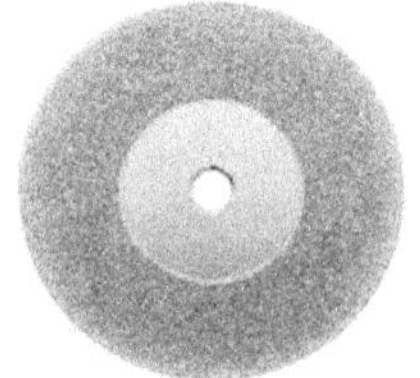

Grinding Wheel

Slip gauge

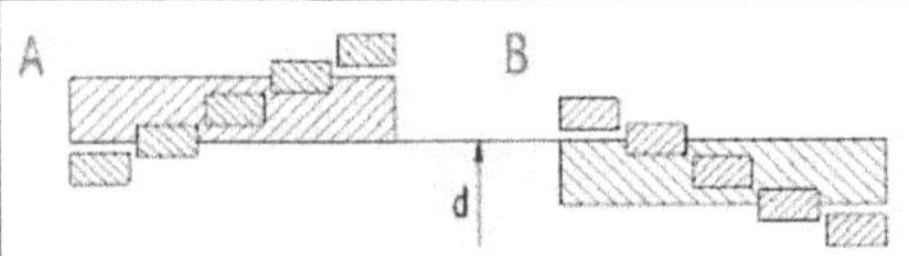

Limit fit tolerance

taper ring gauge

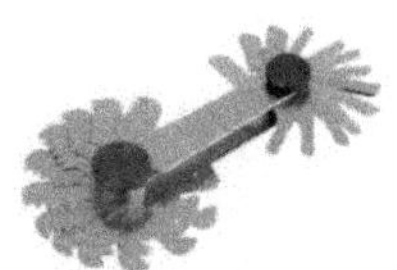

screw pitch gauge

Gear

screw pitch gauge

Tap Die

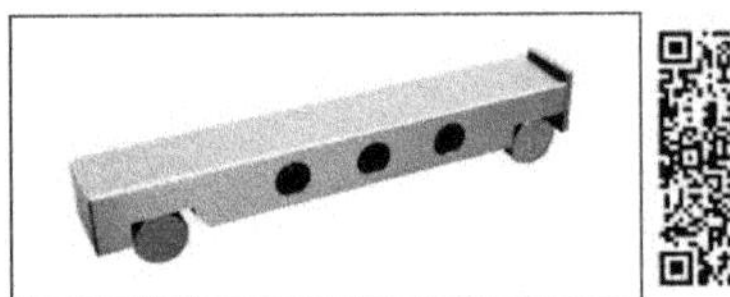

Sine bar

Slip gauge

Dial test indicator

Telescopic gauge

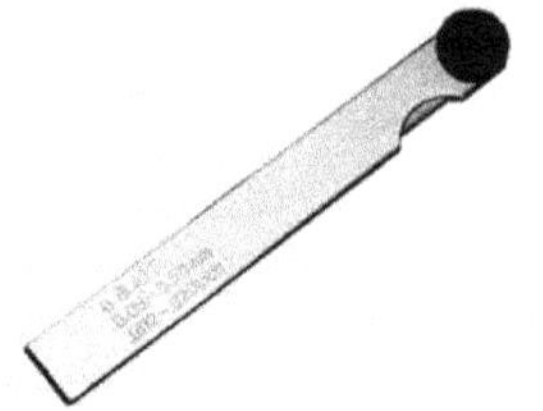

Feeler gauge

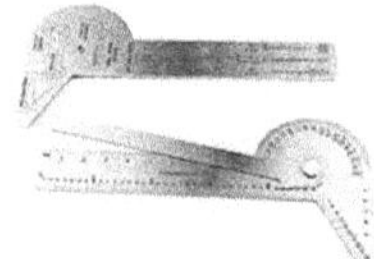

Centre gauge

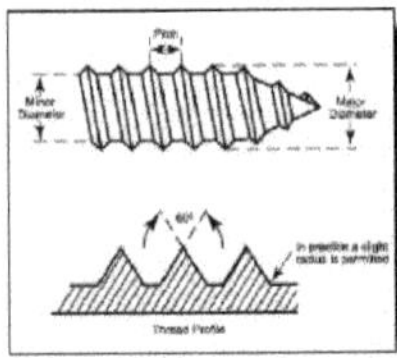

Thread

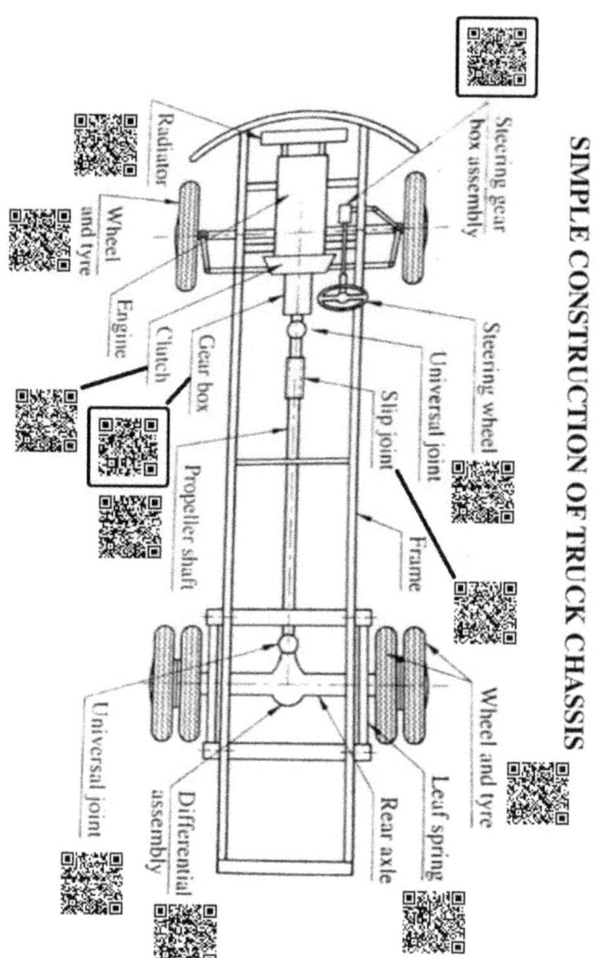
SIMPLE CONSTRUCTION OF TRUCK CHASSIS
Steering gear box assembly
Steering wheel
Universal joint
Slip joint
Frame
Wheel and tyre
Leaf spring
Rear axle
Radiator
Wheel and tyre
Engine
Clutch
Gear box
Propeller shaft
Differential assembly
Universal joint

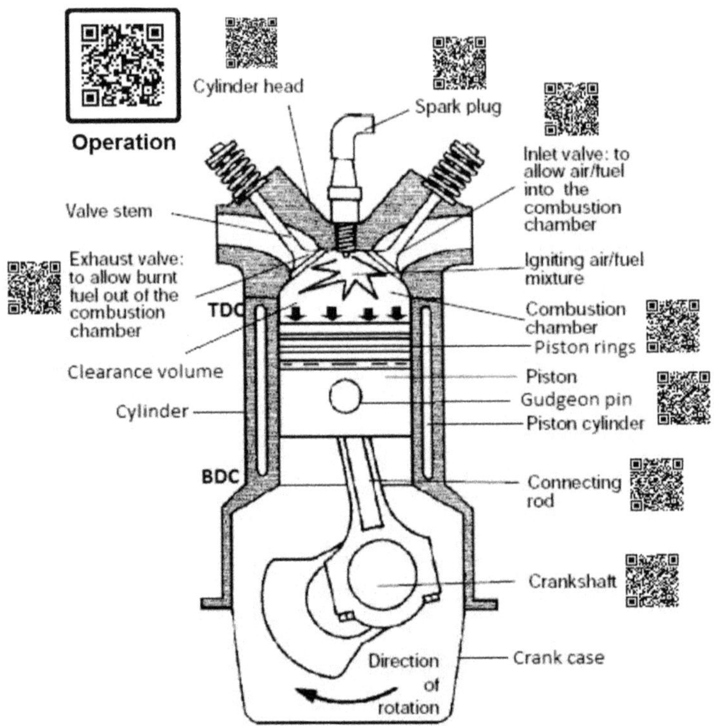

Petrol Engine Details

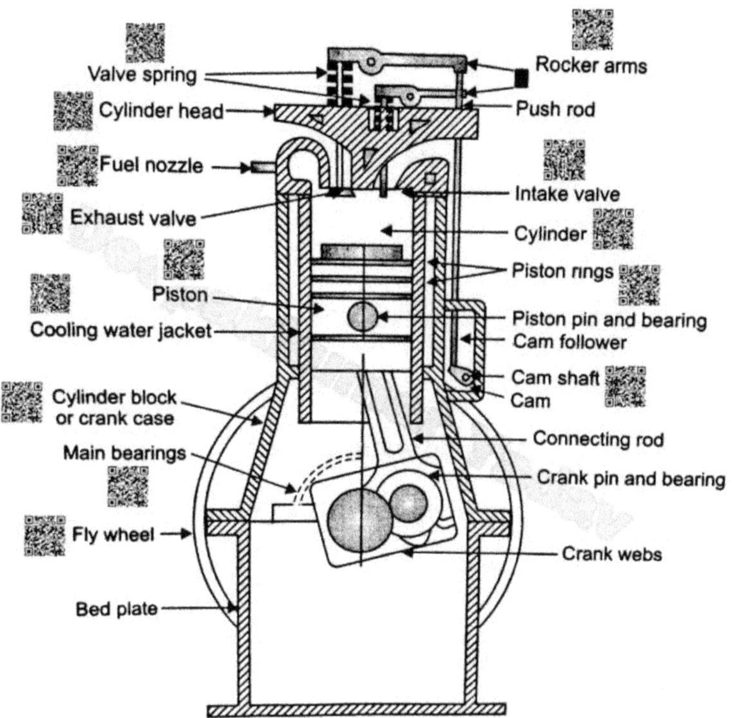

Components of Diesel Engine

Air Braking system

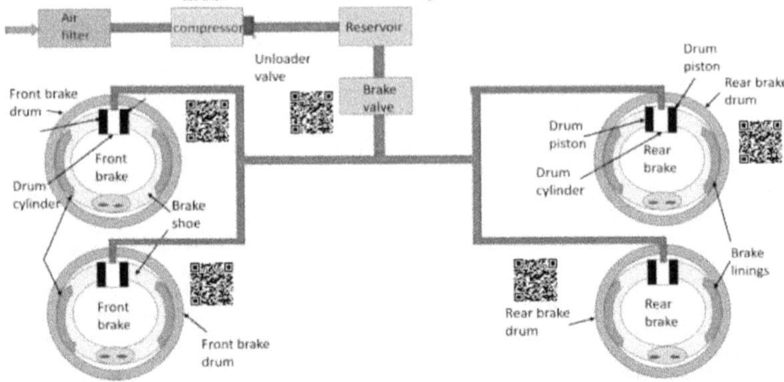

Auto Coolant System

heater feed hose
air flow
heater return
thermostat
waterpump
thermostat housing
air flow
heater fan
heater core
upper radiator hose
coolant from engine
steam hose
coolant from engine
radiator bleed hose
coolant expansion tank
radiator cooling fan
air flow
lower radiator hose

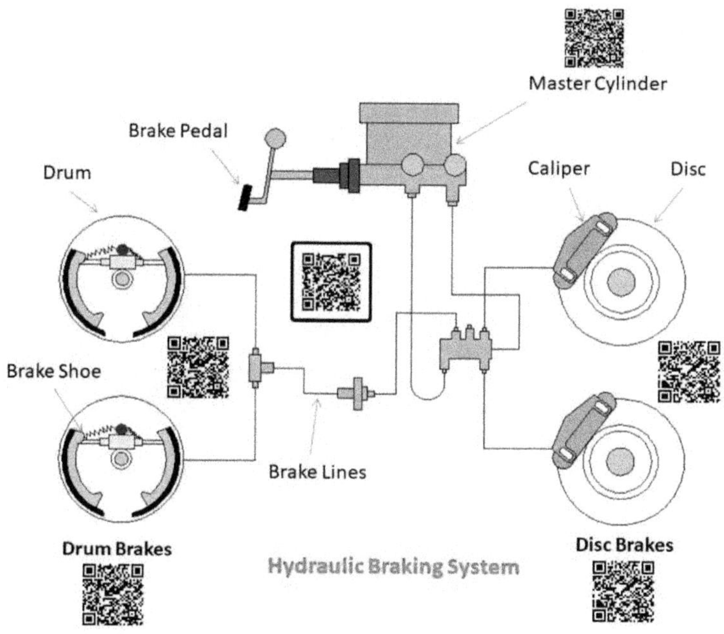
Master Cylinder
Brake Pedal
Drum
Caliper
Disc
Brake Shoe
Brake Lines
Drum Brakes
Hydraulic Braking System
Disc Brakes

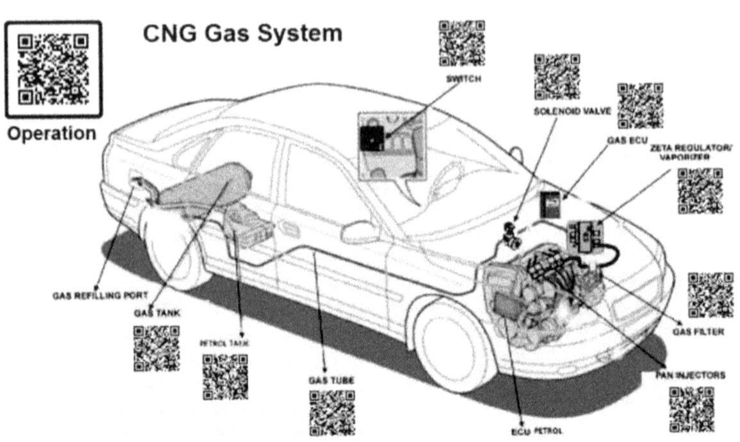
CNG Gas System
Operation
SWITCH
SOLENOID VALVE
GAS ECU
ZETA REGULATOR/
VAPORIZER
GAS REFILLING PORT
GAS TANK
PETROL TANK
GAS TUBE
GAS FILTER
PAN INJECTORS
ECU PETROL

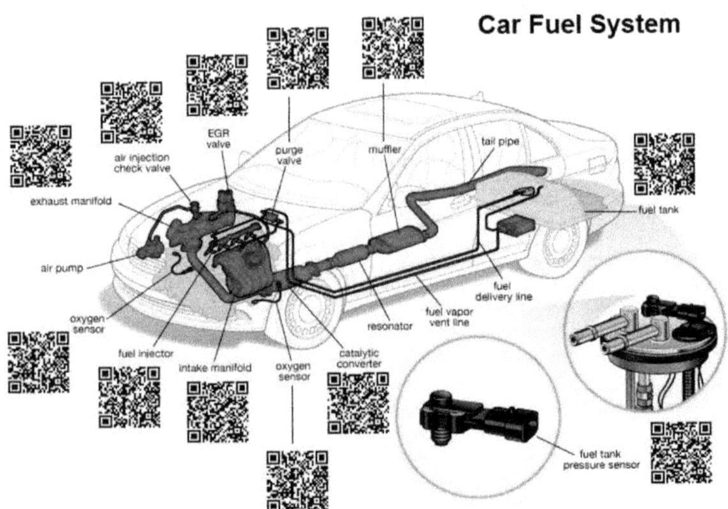
Car Fuel System
EGR
valve
air injection
check valve
purge
valve
muffler
tail pipe
exhaust manifold
fuel tank
air pump
fuel
delivery line
oxygen
sensor
fuel vapor
vent line
resonator
fuel injector
intake manifold
oxygen
sensor
catalytic
converter
fuel tank
pressure sensor

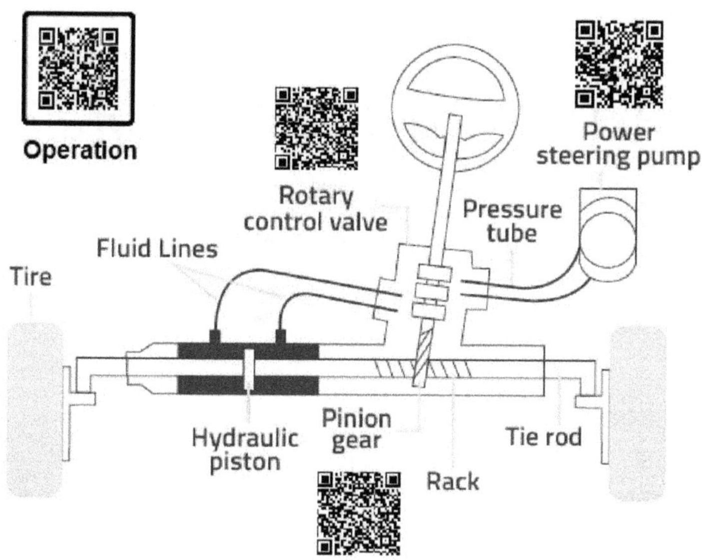

Power Steering System

2

डिझेल मेकॅनिक हिंन्दी MCQ

रक्तस्राव के मामले में, उपचार करें .

डी] कोल्ड 3" और आराम

ए] ठंडेपानीकाछिड़कावकरें

बी] तुरंत पट्टी -----।

बी] दुर्घटना विचार उपचार के बारे में पूछताछ

02] दुर्घटना के मामले में, पीड़ित को चाहिए

ए] आराम करने के लिए कहा

सी] तुरंतभागलिया

डी] उसे छोड़ दो

03] प्राथमिक रूप से घायल या बीमार व्यक्ति को प्राथमिक उपचार दिया जाता है....

ए] जीवन बचाओ

बी] मफ की और गिरावट को रोकें

सी] सर्वोत्तम संभव आराम दें

डी] येसभी

04] बेकार कागज को अलग करने के लिए डिब्बे का रंग कोड है -----

ए] नीलारंग

बी] पीला रंग

सी] लाल रंग

डी] हरा रंग

05] जापानी में Seiko का अर्थ -------------- होता है

ए] शाइन

बी] क्रमबद्ध करें

सी] मानकीकरण

डी] सस्टेनेबल

06] एसएस प्रणाली का लाभ है ------

ए] उत्पादकता में वृद्धि

बी] गुणवत्ता में वृद्धि

सी] समय की बर्बादी में कमी

<u>डी] येसभी</u>

07] सुरक्षा है -----------

ए] किसी का व्यवसाय नहीं

<u>बी] हरबॉडीबिजनेस</u>

सी] कुछ निकायों का व्यवसाय

डी] संगठन व्यवसाय

08] सुरक्षा संकेतों की बुनियादी श्रेणियों के लिए उपलब्ध हैं "निषेध" चिह्न का अर्थ ----

<u>ए] दिखाताहैकियहनहींकियाजानाचाहिए</u>

बी] दिखाता है कि क्या किया जाना चाहिए

सी] खतरे या खतरे की चेतावनी देता है

डी] सुरक्षा प्रावधान की जानकारी देता है

09] कौन सी वर्कशॉप सेफ्टी है?

<u>ए] दुकानकेफर्शकोसाफऔरग्रीस, तेलयाअन्यफिसलनसामग्रीसेमुक्तरखें</u>

बी] गति बदलने से पहले मशीन बंद करो

सी] फटे या चिपके हुए औजारों का प्रयोग न करें

D] चल रही मशीन को हाथ से रोकने की कोशिश न करें

10] पर्सनल प्रोटेक्ट इक्विपमेंट (PPE) में HELMET का उपयोग किया जाता है

<u>ए] सिरकीरक्षाकरें</u>

बी] आंखों की रक्षा करें

सी] हाथों की रक्षा करें

डी] कानों की रक्षा करें

11] निम्नलिखित में से कौन सामान्य सुरक्षा से संबंधित है?

A एक कार्यकर्ता को अच्छे व्यवहार में रखें

बी] काम साफ और स्पष्ट

सी] अपने काम पर ध्यान लगाओ

<u>डी] फर्शऔरगैंगवेकोसाफऔरसाफरखें</u>

12] पीसते समय आंखों की रक्षा के लिए किसका प्रयोग किया जाता है?

ए] गहरा हरा कांच

बी] मुखौटा

सी] धूप का चश्मा

<u>डी] सुरक्षाचश्मा</u>

Grinding wheels 1 bench grinder-wheel

पिसाई

13] मशीन सुरक्षा के लिए निम्नलिखित में से क्या किया जाता है?

<u>ए] मशीनशुरूकरनेसेपहलेतेलकेस्तरकीजांचकरें</u>

बी] चीजों को व्यवस्थित तरीके से करें

सी] फर्श और गैंगवे को साफ और साफ रखें

डी] डाई और स्कार्फ का प्रयोग न करें

14] पर्सनल प्रोटेक्ट इक्विपमेंट (पीपीई), 'स्लीव्स' का इस्तेमाल ---------- की सुरक्षा के लिए किया जाता है

एक चेहरा

बी] आंखें

सी] कान

<u>डी] हाथ</u>

15] एबीसी का मतलब --------------

ए] स्वचालित श्वास नियंत्रण

बी] स्वचालित रक्त नियंत्रण

<u>सी] वायुमार्गश्वासपरिसंचरण</u>

डी] स्वचालित रक्त परिसंचरण

16] "कक्षा बी" की आग को बुझाने के लिए किस प्रकार के अग्निशामक यंत्र का प्रयोग किया जाता है?

<u>ए] सूखीशक्ति</u>

बी] कार्बन डाइऑक्साइड

सी] पानी की जेट

डी] फोम प्रकार

fire extinguisher

1 Fire Extingusher

अग्निशामक: आग

17] सामान्य आग को बुझाने के लिए किस प्रकार के अग्निशामक यंत्र का उपयोग किया जाता है?

ए] जलप्रकारबुझानेवाला

बी] फोम प्रकार बुझाने वाला

सी] शुष्क रासायनिक पाउडर एक्सटिंगुइशर

डी] कार्बन डाइऑक्साइड (C02] बुझाने वाला)

18] एक माइक्रोमीटर (U] बराबर होता है...

ए] 0.1 मिमी

बी] 0.01 मिमी

सी] 0.001 मिमी

डी] 0.0001 मिमी

19] एक स्लॉट की चौड़ाई को मापने के लिए कैलिपर होता है...

ए] अजीब पैर कैलिपर

बी] बाहरी कैलिपर

सी] जेनी कैलिपर

डी] कैलिपरकेअंदर

20] डिवाइडर का आकार ----------- द्वारा निर्दिष्ट किया जाता है

ए] पैरों की कुल लंबाई

बी] पूरी तरह से खुलने पर बिंदुओं के बीच की दूरी

सी] बिना बिंदुओं के पैरों की लंबाई

डी] धुरीऔरबिंदुकेबीचकीदूरी

21] डेटम किनारे के समानांतर समानांतर रेखाओं को चिह्नित करने के लिए इस्तेमाल किया जाने वाला उपकरण है -

<u>ए] जेनीकैलिपर</u>

बी] डिवाइडर

सी] बाहरी कैलिपर

डी] कैलिपर के अंदर

<u>Inside calliper</u> <u>hand tools</u>

<u>कैलिपरस</u>

22] निम्नलिखित में से कौन सा एक अप्रत्यक्ष माप उपकरण है?

<u>ए] बाहरीकैलिपर</u>

बी] वर्नियर कैलिपर

सी] स्टील नियम

डी] बाहरी माइक्रोमीटर

23] अंकन के दौरान संदर्भ सतह किसके द्वारा प्रदान की जाती है...

ए] भूतल गेज

बी] वर्कपीस

सी] काम का चित्रण

डी] <u>तालिकाकीसतहकोचिह्नितकरना</u>

24] यूनिवर्सल सरफेस गेज का वह भाग जो एक डेटम एज के साथ समानांतर रेखा खींचने में मदद करता है, वह है ..

ए] रॉकर आर्म

बी] सुखद

सी] ठीक समायोजन पेंच

डी] <u>गाइडपिन</u>

25] स्क्राइबर किससे बने होते हैं...

ए] माइल्ड स्टील

बी] <u>उच्चकार्बनस्टील</u>

सी] पीतल

डी] कच्चा लोहा

hammer Hammers

हथौड़ा

26] हथौड़े का वह भाग जो हथौड़े को ठीक करने के लिए प्रयोग किया जाता है...
एक चेहरा
बी] पीन
सी] गाल
डी] <u>आँखकाछेद</u>
27] अंकन के उद्देश्य के लिए हथौड़े का वजन है...
ए] <u>250g</u>
बी] 500g
सी] 1 किलो
डी] 2 किग्रा
28] डिवाइडर का आकार किसके द्वारा निर्दिष्ट किया जाता है...
ए] पैरों की कुल लंबाई
बी] पूरी तरह से खुलने पर बिंदुओं के बीच की दूरी
सी] बिंदुओं के बिना पैरों की लंबाई
डी] <u>धुरीऔरबिंदुकेबीचकीदूरी</u>
29] केंद्र का पता लगाने के लिए इस्तेमाल किए जाने वाले पंच का नाम बताइए।
A] प्रिक पंच 30°
B] प्रिक पंच 60°
<u>सी] केंद्रपंच</u>
डी] डॉट पंच

Centre punch 1 Punches

केंद्र पंच

30] सेंटर पंच का पॉइंट एंगल -------- होता है

ए] 30 डिग्री

बी] 50 डिग्री

<u>सी] 900</u>

डी] 1200

31] पंचों का प्रयोग किसी भी आकार का ------------- बनाने के लिए किया जाता है

<u>ए] छेद</u>

बी] खनन

सी] नूरलिंग

सपना देखना

32] आम तौर पर वाइस के हैंडल की लंबाई ---------- होती है

ए] वाइस के सामान्य आकार का 1.5 गुना

<u>बी] वाइसकेसामान्यआकारका 2.5 गुना</u>

सी] वाइस के सामान्य आकार का 3.5 गुना

डी] वाइस के सामान्य आकार का 4.5 गुना

33] बेंच वाइस स्पिंडल .... का बना होता है

<u>ए] माइल्डस्टील</u>

बी] कच्चा लोहा

सी] टूल स्टील

डी] कांस्य

bench vice Bench Vice

बेंच वाइस

34] वाइस क्लैंप का उपयोग किया जाता है ...

ए] कठोर जबड़े की रक्षा करें

बी] काम के टुकड़ों को सख्ती से जकड़ें

सी] तैयारसतहोंकीरक्षाकरें

डी] जंगम जबड़े को दाखिल होने से रोकें

35] अंकन के दौरान संदर्भ सतह द्वारा प्रदान की जाती है ...

ए] भूतल गेज

बी] वर्कपीस

सी] काम का चित्रण

डी] तालिकाकीसतहकोचिह्नितकरना

36] एक इंजीनियर के वाइस का आकार किसके द्वारा निर्दिष्ट किया जाता है...

ए] जंगम जबड़े की लंबाई

बी] जबड़ेकीचौड़ाई

सी] वाइस की ऊंचाई

D] जबड़ों का अधिकतम खुलना

37] स्क्राइबर का बिंदु कोण ----------- है

ए] 30 डिग्री

बी] 60 डिग्री

सी] 5° से 10°

डी] 12° से 15°

38] कच्चा लोहा काटने के लिए काटने का कोण है...

ए] 37.5◦

बी] 55◦

सी] 60◦

डी] 90◦

39] छेनी सामग्री में खोदेगी जब...

ए] रेक कोण अधिक है

बी] निकासी कोण बहुत कम है

सी] झुकावकाकोणअधिकहै

डी] झुकाव का कोण बहुत कम है

40] अत्याधुनिक को थोड़ा उत्तलता दी जाती है...

ए] घुमावदार सतहों को काटें

बी] तेज कोनों को काटें

सी] सिरोंकीखुदाईरोकें

डी] स्नेहक को प्रवेश करने दें

41] सरफेस प्लेट्स किससे बनी होती हैं...

ए] उच्च ग्रेड कास्ट स्टील

बी] महीनदानेवालाकच्चालोहा

सी] मिश्र धातु स्टील्स

डी] गढ़ा लोहा

42] सतह की प्लेटें उनकी लंबाई और चौड़ाई से निर्दिष्ट होती हैं और में होती हैं

ए] डेसीमीटर

बी] घन मीटर

सी] बेलनाकार

43] अंकन से बचने के लिए तैयार ट्यूबलर रिंच सतहों पर प्रयुक्त।

ए] स्टिलसन पाइप

बी] चेन रिंच

सी] पट्टा रिंच

डी] पदचिह्न रिंच

44] सीमित स्थानों में पाइप और गोल स्टॉक को पकड़ने और मोड़ने के लिए प्रयुक्त होता है।

ए] स्टिलसन पाइप

बी] चेन रिंच

सी] पट्टा रिंच

डी] पदचिह्न रिंच

45] इयर्ज व्यास के पाइप रखने के लिए प्रयुक्त होता है।

ए] स्टिलसन पाइप

बी] चेन रिंच

सी] पट्टा रिंच

डी] पदचिह्न रिंच

46] पाइप, ट्यूब और बेलनाकार छड़ को पकड़ने और मोड़ने के लिए प्रयुक्त होता है।

ए] स्टिलसन पाइप

बी] चेन रिंच

सी] पट्टा रिंच

47] व्हील हब बियरिंग्स को समायोजित करता है।

ए] किंगपिन

बी] स्प्रिंग पैड

सी] स्टबएक्सलशाफ्टभाग

डी] ट्रैक रॉड बॉल जोड़ों

48] ड्रॉ प्लेट के साथ धक्का

ए] क्लच कवर

बी] रिलीजअसर

सी] उंगलियों को छोड़ दें

डी] क्लच प्लेट

49] **जोरभारलेताहै**

ए] क्रैंकशाफ्ट

बी] चक्का

सी] टोक़ रिंच

डी] जोरअसर

50]वितरक शाफ्ट द्वारा समर्थित है

ए] बॉल बेयरिंग

बी] खोल असर

सी] झाड़ीअसर

डी] सुई असर

51] एक मीट्रिक माइक्रोमीटर में, थिम्बल अग्रिमों की एक पूर्ण क्रांति -----------

ए] 0.01 मिमी

बी] 0.25 मिमी

सी] 0.50 मिमी

डी] 1.00 मिमी

micrometer2 Out Side Micrometer

माइक्रोमीटर

52] माइक्रोमीटर में शाफ़्ट स्टॉप ------------ में मदद करता है

<u>ए] दबावकोनियंत्रितकरें</u>

बी] स्पिंडल को लॉक करें

सी] शून्य त्रुटि समायोजित करें

डी] काम के टुकड़े को पकड़ो

53] 1000 माइक्रोन मतलब ------------

<u>ए] 1 मिमी</u>

बी] 1 एम

सी] 1000 मिमी

डी] 10 सेमी

54] माइक्रोमीटर के बाहर 50-75 मिमी की शून्य रीडिंग क्या है?

ए] 0.000 मिमी

बी] 0.01 मिमी

सी] 25.00 मिमी

<u>डी] 50.00 मिमी</u>

55] माइक्रोमीटर के बाहर एक मीट्रिक की आस्तीन पर सबसे छोटे विभाजन का मान होता है -----

<u>ए] 0.50 मिमी</u>

बी] 1.00 मिमी

सी] 1.50 मिमी

डी] 2.00 मिमी

56] माइक्रोमीटर में शाफ़्ट स्टॉप --------- में मदद करता है

<u>ए] दबावकोनियंत्रितकरें</u>

बी] स्पिंडल को लॉक करें

सी] शून्य त्रुटि समायोजित करें

डी] काम के टुकड़े को पकड़ो

57] गहराई माइक्रोमीटर की न्यूनतम संख्या है

ए] 0.5 मिमी

बी] 0.2 मिमी

सी] 0.001 मिमी

<u>डी] 0.01 मिमी</u>

Depth micrometer 1 Depth Micrometer

गहराई माइक्रोमीटर

58] वर्नियर कैलिपर की सबसे छोटी संख्या है (मुख्य स्केल = 49 डिवीजन, वर्नियर स्केल = 50 डिवीजन)

ए] 0.1 मिमी

बी] 0.01 मिमी

सी] 0.001 मिमी

<u>डी] 0.02 मिमी</u>

59] वर्नियर कैलिपर का उपयोग करके किए गए माप का प्रकार है --------

ए] प्रत्यक्ष माप

<u>बी] अप्रत्यक्षमाप</u>

सी] 90"] (ए) 81 (बी]

डी] इनमें से कोई नहीं

60] टेलीस्कोपिक गेज का उपयोग छेद और स्लॉट को मापने के लिए किया जाता है।

ए] 10 मिमी से 100 मिमी . तक

बी] 12 मिमी से 152 मिमी . तक

सी] 12.7 मिमी से 152.4 मिमी . तक

डी] उपरोक्त में से कोई नहीं।

Telescopic gauges 1 Teliscopic Gauge

टेलीस्कोपिक गेज

61] छोटे छेद वाले गेज का उपयोग छेद और स्लॉट को मापने के लिए किया जाता है।

ए] 10 मिमी . से नीचे

बी] 12.7 मिमी . से नीचे

सी] 20 मिमी . से नीचे

डी] 20.7 मिमी से नीचे।

dial test indicator 1 Dial Guage

डायलटेस्टइंडिकेटर

62] डायल टेस्ट इंडिकेटर माप को इस प्रकार दिखाता है...

ए] घटक का वास्तविक आकार

बी] 5 मिमी . के दो चरणों के बीच का अंतर

सी] एकसूचककेमाध्यमसेआकारमेंआवर्धितछोटेबदलाव

डी] आयाम का सीधा पठन

63] डायल टेस्ट इंडिकेटर के बारे में निम्नलिखित में से कौन सा सही नहीं है?

ए] इसके डायल पर 100 डिवीजन हैं

बी] स्टेम की गति गियर ट्रेन के माध्यम से डायल में स्थानांतरित हो जाती है।

सी] इसकीसटीकता 0.1 मिमी . है

64] फीलर गेज का प्रयोग किया जाता है...

ए] सतह खुरदरापन की जाँच करना

बी] काम के टुकड़ों की त्रिज्या की जाँच करना

सी] संभोगभागोंकेबीचकीखाईकीजाँचकरना

डी] होल लोकेटर की सटीकता की जांच

feeler gauge 1

Feeler Guage

फ़ीलर गौज़

65] 60◦ कोण की सटीकता के लिए थ्रेडिंग टूल की जाँच a . का उपयोग करके की जाती है

ए] थ्रेड प्लग गेज

बी] केंद्रगेज

सी] पेंच पिच गेज

डी] उपकरण कोण गेज

centre gauge 1 Gauges

केंद्र गेज

66] प्रति इंच धागों की संख्या की जाँच a . से की जा सकती है
ए] टूल गेज
बी] गिनती द्वारा मीट्रिक नियम
सी] रिंग गेज
डी] पेंचपिचगेज

screw pitch gauge Screw Pitch Gauge

पेंचपिचगेज

67] एयर कंप्रेसर में प्रयुक्त
ए] दबाव नापने का यंत्र
बी] तेल टैंक
सी] तेल स्प्रे बंदूक
डी] कार लहरा
68] जहां बोल्ट और थ्रेड्स को नुकसान से बचाया जाना है वहां इस्तेमाल किया जाता है।
ए] डोनाल्ड कैप नट
बी] थंब नट
सी] हेक्सागोनल अखरोट
डी] विंग-नट
69] जहां बार-बार हटाने और फिक्सिंग की आवश्यकता होती है वहां प्रयुक्त होता है।
ए] डोनाल्ड कैप नट
बी] थंब नट
सी] हेक्सागोनल अखरोट
डी] विंग-नट
70] मशीन निर्माण और संरचना के काम में प्रयुक्त।
ए] डोनाल्ड कैप नट
बी] थंब नट
सी] हेक्सागोनल अखरोट
डी] विंग-नट
71] जहां बार-बार समायोजन करना होता है वहां उपयोग किया जाता है।

ए] डोनाल्ड कैप नट

बी] <u>थंब नट</u>

सी] हेक्सागोनल अखरोट

डी] विंग-नट

72] अखरोट में नायलॉन डालने से ढीलेपन को रोका जा सकता है।

ए] लॉकिंग प्लेट

बी] वायर लॉक

सी] <u>सेल्फ लॉकिंग नट</u>

डी] सावन अखरोट

73] अखरोट के आर-पार एक स्लॉट को आधा काट दिया जाता है।

ए] लॉकिंग प्लेट

बी] वायर लॉक

सी] सेल्फ लॉकिंग नट

डी] <u>सावन अखरोट</u>

74] दो बोल्टों को ढीला होने से रोकता है।

ए] लॉकिंग प्लेट

बी] <u>वायर लॉक</u>

सी] सेल्फ लॉकिंग नट

डी] सावन अखरोट

75] शीर्ष अखरोट के घूर्णन को रोकता है।

ए] <u>ताला-अखरोट</u>

बी] अंडाकार अखरोट

सी] सेल्फ लॉकिंग नट

डी] सावन अखरोट

76] अखरोट को फिट करने के लिए प्लेट के आकार का उपयोग करके अखरोट को ढीला होने से रोकता है।

ए] <u>लॉकिंग प्लेट</u>

बी] वायर लॉक

सी] सेल्फ लॉकिंग नट

डी] सावन अखरोट

77] षट्कोणीय अखरोट के निचले हिस्से के साथ बेलनाकार और रिक्त नाली बनायी जाती है।

ए] ताला-अखरोट

बी] <u>अंडाकार अखरोट</u>

सी] सेल्फ लॉकिंग नट

डी] सावन अखरोट

78] मेटा\ सतह के ऊपर कीलक सिर की ऊंचाई कम कर देता है

ए] काउंटरसंक हेड

बी] फ्लैट सिर

सी] पैन हेड

डी] मशरूम

79] आमतौर पर संरचनात्मक कार्य के लिए उपयोग किया जाता है।

ए] काउंटरसंक हेड

बी] फ्लैट सिर

सी] पैन हेड

डी] स्नैप हेड

80] अमोनियम क्लोराइड का उपयोग टांका लगाने के लिए फ्लक्स के रूप में किया जाता है...

ए] स्टील

बी] एल्यूमीनियम

सी] जस्ती लोहा

डी] स्टेनलेस स्टील

81] एमएस शीट की सोल्डरिंग किस तापमान पर होती है...

ए] 150◦सी

बी] 250◦सी

सी] 400◦सी

डी] 850◦सी

82] सोल्डरिंग ऑपरेशन में बेस मेटल है...

ए] गरमनहीं

बी] 200◦C . तक गरम किया गया

सी] 650◦C . तक गरम किया गया

डी] लाल गर्म स्थिति में गरम किया जाता है

83] चादरों को मोटी प्लेटों में मिलाने के लिए रिवेट्स।

ए] काउंटरसंक हेड

बी] फ्लैट सिर

सी] पैन हेड

डी] मशरूम

84] शीट मेटल में शामिल होने के लिए रिवेट्स।

ए] काउंटरसंक हेड
बी] <u>फ्लैट सिर</u>
सी] पैन हेड
डी] मशरूम
85] भारी निर्माण कार्य के लिए रिवेट्स।
ए] काउंटरसंक हेड
बी] फ्लैट सिर
सी] <u>पैन हेड</u>
डी] मशरूम
86] सॉफ्ट सोल्डरिंग की जाती है
ए] <u>450◦ सी . सेनीचे</u>
बी] 450◦C . से ऊपर
सी] 900◦C . पर
डी] 1000◦C . से ऊपर
87] टांकना किया जाता है
ए] 1900◦C . पर
बी] <u>450◦C . सेऊपर</u>
सी] 1000◦C . पर
डी] 450◦C . से नीचे
88] एक ब्रेज़्ड जोड़ है
ए] एक टांका लगाने वाले जोड़ से कमजोर
बी] एक सोल्डर से अधिक मजबूत शामिल हों
सी] एक वेल्डेड संयुक्त से मजबूत
डी] <u>चांदीकेटांकालगानेवालेजोड़सेकमजोर</u>
89] क्रैंकशाफ्ट मुख्य जर्नल और क्रैंक पिन के बीच एक छेद ड्रिल किया जाता है
ए] क्रैंकशाफ्ट का संतुलन
बी] क्रैंकशाफ्ट वजन कम करना
सी] <u>स्नेहनकनेक्टिंगरॉडबेयरिंग</u>
डी] क्रैंकशाफ्ट कंपन को कम करना
90] एक शुष्क नाबदान स्नेहन प्रणाली में, एक मैला ढोने वाले पंप का उपयोग किया जाता है
ए] <u>नाबदानसेटैंकतकतेलपंपकरें</u>
बी] सभी चलती भागों में सीधे तेल पंप करें
सी] अतिरिक्त तेल दबाव विकसित करें

डी] टैंक से योग तक तेल पंप करें

91] स्नेहन प्रणाली में अत्यधिक तेल का दबाव किसके कारण हो सकता है

ए] नाबदान में इंजन तेल की कम मात्रा

बी] <u>राहतवाल्वकागलतसमायोजन</u>

सी] चूषण पाइप पर कम चूषण प्रभाव

डी] उपरोक्त में से कोई नहीं

92] जब तेल का दबाव निर्धारित सीमा से अधिक बढ़ जाता है, तो तेल वापस नाबदान में लौट आता है

ए] <u>दबावराहतवाल्व</u>

बी] पास वाल्व द्वारा

सी] तेल फिल्टर

डी] तेल पंप

93] पतली ट्यूबिंग काटने के लिए, हैक्सॉ ब्लेड की सबसे उपयुक्त पिच है...

ए] 1.8 मिमी

बी] 1.4 मिमी

सी] 1 मिमी

डी] <u>0.8 मिमी</u>

94] ठोस पीतल काटने के लिए, हैक्सॉ ब्लेड की सबसे उपयुक्त पिच है...

ए] <u>1.8 मिमी</u>

बी] 1.4 मिमी

सी] 1 मिमी

डी] 0.8 मिमी

hacksaw Hacksaw Frame Blade

हक्सॉ फ्रेम

95] कुछ स्ट्रोक के बाद एक नया हैक्सॉ ब्लेड किस वजह से ढीला हो जाता है...

ए] <u>ब्लेडकाखिंचाव</u>

बी] विंग-अखरोट के धागे खराब हो रहे हैं

सी] ब्लेड की गलत पिच

डी] आरी के सेट का अनुचित चयन।

96] छोटे व्यास के पाइपों को काटते समय, नियमित रूप से देखने और यह सुनिश्चित करने की सलाह दी जाती है कि...

ए] कट घुमावदार रेखा के साथ है

बी] अधिकदेखादांतअनुबंधमेंहैं

सी] काम ज़्यादा गरम नहीं है

डी] हैकसॉ का उचित संतुलन बनाए रखा जाता है

97] फाइलों की उत्तलता मदद करती है...

ए] अवतल सतहों को फाइल करने के लिए

बी] उत्तल सतहों को फाइल करने के लिए

सी] कामकेकिनारोंकोगोलकरनेसेरोकनेकेलिए

D. दबाव डालने पर फाइल सीधी हो जाती है

files 1 Files

फ़ाइलें

98] लकड़ी, चमड़ा और अन्य नरम सामग्री भरने के लिए किस फाइल का उपयोग किया जाता है? .

ए] सिंगल कट फाइल

बी] डबल कट फ़ाइल

सी] रास्पकटफ़ाइल

डी] घुमावदार कट फ़ाइल

99] उपयोग की गई फ़ाइल का उपयोग ------------ के लिए किया जाता है

ए] काम के टुकड़े की सफाई

सी] फ़ाइल दांतों का नवीनीकरण

बी] फाइलदांतोंकीसफाई

डी] चिप्स की सफाई

100] फाइल कार्ड का उपयोग ---------- के लिए किया जाता है

ए] काम के टुकड़े को साफ करें

सी] फ़ाइल दांत नवीनीकृत करें

बी] फाइलदांतसाफकरें

101] पीसते समय आंखों की रक्षा के लिए किसका प्रयोग किया जाता है?

ए] गहरा हरा कांच

बी] मुखौटा

सी] धूप का चश्मा

डी] सुरक्षाचश्मा

102] अपघर्षक से बने पीसने वाले पहिये इसकी मुक्त और ठंडी काटने की क्रिया के कारण सबसे आम हैं।

ए] एल्यूमिनियमऑक्साइड

बी] सिलिकॉन ऑक्साइड

सी] अमोनियम ऑक्साइड

डी] कार्बाइड।

103] निम्नलिखित में से किस अपघर्षक का उपयोग ज्यादातर गैर-धातु सामग्री को काटने के लिए पहियों को काटने के लिए किया जाता है?

ए] एल्यूमिनियम ऑक्साइड

बी] सिलिकॉनकार्बाइड

सी] हीरा

डी] उपरोक्त में से कोई नहीं

104] टंगस्टन कार्बाइड टूल इंसर्ट को पीसने के लिए किस अपघर्षक कण का उपयोग किया जाता है?

ए] सिलिकॉनकार्बाइड

बी] ए|203

सी] हीरा

डी] कोरन्डम

105] निम्नलिखित में से कौन सा प्राकृतिक अपघर्षक है?

ए] एल्यूमिनियम ऑक्साइड

बी] सिलिकॉन

सी] बोरॉन कार्बाइड

डी] कोरन्डम

106] निम्नलिखित में से कौन सा निर्मित अपघर्षक है?

ए] कोरन्डम।

बी] क्वाट्र्ज

सी] सिलिकॉन

डी] एमरी

107] स्टील की फिटिंग को पीसने के लिए किस अपघर्षक कण का उपयोग किया जाता है?

ए] सिलिकॉन कार्बाइड

बी] एल्यूमिनियमऑक्साइड

सी] हीरा।

डी] बोरॉन ऑक्साइड

108] कंक्रीट के पत्थर और चिनाई को काटने के लिए किस तरह के अपघर्षक कट ऑफ व्हील का उपयोग किया जाना चाहिए?

ए] सिलिकॉन

बी] अल 203

सी] डायमंडग्रिट

डी] ग्लास

109] बड़े पैमाने पर उत्पादन में इंटरचेंज क्षमता हासिल करने के लिए निम्नलिखित में से कौन सा महत्वपूर्ण कारक आवश्यक है? .

ए] ज्यामितीय सटीकता।

बी] मानकीकरण

सी] आयामीसटीकता

डी] सतह खत्म

110] इंटरचेंज क्षमता सामान्य रूप से किसके लिए लागू होती है? _

ए] भागों की मरम्मत

बी] बड़ेपैमानेपरउत्पादन

सी] एकल टुकड़ा उत्पादन

डी] ये सभी

111] जब मूल आयाम के एक पक्ष में सहिष्णुता दी जाती है, तो उसे -------- कहते हैं

ए]। सहिष्णुता प्रणाली

बी] एकतरफासहिष्णुता

सी] द्विपक्षीय सहिष्णुता

डी] भत्ता प्रणाली

112] एक घटक के आयामों का मापा आकार जिसे -------- कहा जाता है

ए] मूल आकार

बी] नाममात्र का आकार

सी] अनुमत आकार

डी] वास्तविकआकार

113] ड्राइंग में शाफ्ट के आयाम 40i 0068/0042 दिखाए गए हैं, जो सहनशीलता के भीतर शाफ्ट का आकार है?

ए] 4.0.64 मिमी

बी] 40.042 मिमी

सी] 40,000 मिमी

डी] 39.98 मिमी

114] होल बेसिक सिस्टम में ----------

ए] शाफ्ट का आकार स्थिर बना दिया जाता है

बी] छेदकाआकारस्थिरबनादियाजाताहै

सी] केवल 'भत्ता छेद पर दिया जाता है'

डी] छेद और शाफ्ट पर अनुमेय सहिष्णुता दी गई है

115] एक घटक का आकार 24-0.1 के रूप में दिया गया है। -O.1 क्या दर्शाता है? _

ए] ऊपरी विचलन + 0.1 मिमी है।

बी] निचला विचलन 0.0 मिमी . है

सी] मौलिक विचलन 0.0 मिमी . है

डी] निचलाविचलन _0.1 मिमी . है

116] छेद की सहनशीलता ----- के बीच का अंतर है

ए] अधिकतम छेद आकार और अधिकतम शाफ्ट आकार

बी] अधिकतमछेदआकारऔरअधिकतमछेदआकार:

सी] न्यूनतम 'छेद आकार और अधिकतम शाफ्ट आकार'

डी] न्यूनतम छेद आकार और न्यूनतम शाफ्ट आकार

117] एक छिद्र जिसका निचला विचलन शून्य है, मूल छिद्र कहलाता है। निम्नलिखित में से कौन सा अक्षर मूल छिद्र को इंगित करता है?

ए] ई

बी] एफ

सी] जी '

डी] हो

118] किसका ऊपरी विचलन शून्य है?

ए] बासकदस्ता

बी] मूल छेद

सी] सहिष्णुता

डी] निकासी

119] शाफ्ट पर लगी बॉल बेयरिंग किस प्रकार की फिट होती है? ,

ए] क्लीयरेंस फिट

बी] ड्राइविंगफिट

सी] संकोचन फिट

डी] उपरोक्त में से कोई नहीं

120] सीमा और फिट की बीआईएस प्रणाली में, सहिष्णुता के ग्रेड को संख्या प्रतीकों द्वारा दर्शाया जाता है और ---------- i होते हैं।

ए] सहिष्णुता के 14 ग्रेड

बी] सहिष्णुता के 16 ग्रेड

सी] सहिष्णुताके 18 ग्रेड '

डी] सहिष्णुता के 20 ग्रेड

121] एक उत्पाद को गुणवत्ता वाला कहा जाता है जब ....

ए] इसका आकार और आयाम सीमा के भीतर हैं

बी] यहउपयोगकेलिएउपयुक्तहै

सी] यह बहुत अच्छा प्रतीत होता है

डी] सामग्री का चुनाव सही है

122] होल'30 +0.021, 0.000 और शाफ्ट 30 -0.110, 0.143 के बीच आवश्यक अधिकतम निकासी है।

ए] 0.110 मिमी '

बी]0.131 मिमी

सी] 0.164 मिमी

डी] 0.143 मिमी

123] एक ड्राइंग में एक आयाम 25 .1002 मिमी बताया गया है। सहनशीलता क्या है?

ए] +0.02 मिमी'

बी] +0.04 मिमी

सी] -0.02 मिमी

डी] 25.00 मिमी

124] एक छेद में एक पिन लगाया जाता है। पिन का टॉलरेंस ज़ोन पूरी तरह से होल के ऊपर होता है। प्राप्त फिट होगा?

ए] क्लीयरेंस फिट

बी] संक्रमण फिट

सी] हस्तक्षेपफिट

डी] रनिंग फिट

125] भाग के आकार को सहनशीलता दी जाती है...........

<u>ए] आवश्यकअनुमेयआकारत्रुटिकेभीतरभागकाउत्पादन</u>

बी] उत्पादन बढ़ाएँ

सी] उत्पादन घटाएं

डी] घटकों को लगभग समाप्त करें

126] निम्नलिखित में से कौन सा क्लीयरेंस संपूर्ण बुनियादी प्रणाली के अंतर्गत उपयुक्त है?

ए] 20 एच7/पी6'

बी] 2067/211

सी] ज़ोग / जीएल।

<u>डी] 20 एच / जी 11।</u>

127] बीआईएस प्रणाली के अनुसार फिट के तीन वर्ग हैं ....

<u>ए] क्लीयरेंसफिट, इंटरफेरेंसफिटऔरट्रांजिशनफिट</u>

बी] मध्यम फिट, पुश फिट और टाइट फिट

सी] फ्लैट फिट, गोल फिट और स्क्वायर फिट

डी] 'स्लाइडिंग फिट', लूज फिट और सिकुड़न फिट

128] निम्नलिखित में से किस सहिष्णुता विनिर्देश का अधिकतम आयाम 20 मिमी से कम है?

ए] 20 +0.2,-0.3

बी] 20 320.2

<u>सी] 20 -0.2, 0.3 ई</u>

डी] एम 20 +500, ~ 03

129] अधिकतम और न्यूनतम सीमा के बीच अंतर है ------------------------

ए] एकल मुखबिर

बी] मूल शाफ्ट

सी] निकासी

<u>डी] सहिष्णुता</u>

130] एक शाफ्ट 55 स्वतंत्र रूप से झाड़ी में चल रहा है जिसमें फिट का प्रकार होता है ----------

ए] क्लीयरेंस फिट

बी] ड्राइविंग प्लेट

<u>सी] संकोचनफिट</u>

डी] उपरोक्त में से कोई नहीं

131] टेंपर शैंक ड्रिल मशीन पर किसके माध्यम से आयोजित की जाती है...

ए] चक्स

बी] आस्तीन

सी] बहाव

डी] वाइस

132] ड्रिल चक ड्रिलिंग मशीन स्पिंडल पर एक के माध्यम से लगाए जाते हैं ...

ए] घुमावदार अंगूठी

बी] आर्बोर

सी] बहाव

डी] पिनियन और कुंजी

drilling drilling machine

ड्रिलिंग

133] अभ्यास पर प्रदान किया गया मोर्स टेपर के बीच...

ए] एमटी 1 सेएमटी 5

बी] मीट्रिक टन 1 से मीट्रिक टन 4

सी] एमटी 0 से एमटी 5

डी] एमटी 0 से एमटी 4

134] बहाव के लिए प्रयोग किया जाता है...

ए] एक ड्रिल स्थान बनाना

बी] मशीन स्पिंडल पर चक फिक्सिंग

C] टूटी हुई ड्रिल को काम से हटाना

डी] मशीनस्पिंडलसेड्रिलकोहटाना

135] जब ड्रिल का टेंपर शैंक मशीन स्पिंडल से बड़ा होता है, तो ड्रिल को होल्ड करने का उपकरण एक...

ए] ड्रिल आस्तीन

बी] टेपरसॉकेट

सी] ड्रिल बहाव

डी] चक और कुंजी

136] ड्रिलिंग मशीन में माइल्ड स्टील की ड्रिलिंग के लिए उपयुक्त कटिंग फ्लुइड है...
ए] सिंथेटिक घुलनशील तेल
बी] साफ तेल
सी] आसुत जल
डी] घुलनशीलतेल
137] रेडियल ड्रिलिंग मशीन की एक विशेष विशेषता है...
ए] इसका उपयोग एचएसएस ड्रिल के साथ ड्रिलिंग के लिए किया जा सकता है
बी] तालिका को किसी भी स्थिति में स्थानांतरित और सेट किया जा सकता है
सी] विभिन्न प्रकार की गति उपलब्ध है
डी] धुरीकोकिसीभीस्थितिमेंलायाजासकताहै
138] अभ्यास का बिंदु कोण निर्भर करता है...
ए] ड्रिल का आकार
बी] मशीन का प्रकार
सी] कामकीसामग्री
डी] ड्रिल का आरपीएम
139] एक मानक ड्रिल के लिए बिंदु कोण है...
ए] 60◦
बी] 108◦
सी] 118◦
डी] 135◦
140] पेचदार कोण निर्धारित करता है...
ए] कटिंग एंगल
बी] कोण चबाना
सी] रेककोण
डी] होंठ कोण
141] ड्रिल का निकासी कोण किसके बीच है...
ए] 3◦ से 5◦
बी] 8◦ से 12◦
सी] 12◦ से 20◦
डी] 15◦ से 20◦
142] ड्रिल चक को मशीन स्पिंडल पर किस माध्यम से रखा जाता है?
ए] आर्बर
बी] बहाव
सी] ड्रा-इन बार

डी] चक अखरोट

143] एक संवेदनशील बेंच ड्रिलिंग मशीन में विभिन्न गतियां प्राप्त की जाती हैं ----

ए] बेल्टचरखीतंत्र

बी] हाइड्रोलिक तंत्र

सी] रैक और पिनियन तंत्र

डी] कैम और अनुयायी तंत्र

144] निम्नलिखित में से किसका उपयोग केवल धागे के सही रूप को खत्म करने और बनाए रखने के लिए किया जाता है?

नल

बी] थ्रेडिंग टूल

सी] थ्रेडिंग चेज़र

डी] इत्तला दे दी उपकरण

tap and die1 Tap Die

मरो टैप करें

145] एक डाई जिसमें एक स्ट्रोक में एक से अधिक कटिंग ऑपरेशन बनते हैं

ए] पियर्सिंग डाई

बी] प्रोग्रेसिव डाई

C] कॉम्बिनेशन डाई

डी] कंपाउंड डाई

146] एक डाई जिसमें प्रति स्ट्रोक कटिंग और नॉन कटिंग ऑपरेशन किए जाते हैं।

ए] पियर्सिंग डाई

बी] प्रोग्रेसिव डाई

C] कॉम्बिनेशन डाई

डी] कंपाउंड डाई

147] एक पासा जिसमें दो या दो से अधिक स्टेशनों पर दो या दो से अधिक अनुक्रमिक संचालन काम पर किए जाते हैं।

ए] पियर्सिंग डाई

बी] प्रोग्रेसिव डाई

C] कॉम्बिनेशन डाई

डी] कंपाउंड डाई

148] एक डाई जिसमें पंच और डाई के आकार को धातु में कम या बिना धातु के प्रवाह के सीधे पुन: पेश किया जाता है।

ए] प्रोग्रेसिव डाई

बी] संयोजन मरो

C] कंपाउंड डाई

डी] <u>मरने का गठन</u>

149] किसी भी आकार के छेद बनाने के लिए इस्तेमाल किया जाने वाला डाई।

ए] <u>पियर्सिंग डाई</u>

बी] प्रोग्रेसिव डाई

C] कॉम्बिनेशन डाई

डी] कंपाउंड डाई

150] ग्लिपाइप्स पर बाहरी धागे आसानी से निकल जाते हैं

ए] टैप सेट्स . द्वारा

<u>बी] मर जाता है और स्टॉक मर जाता है</u>

सी] केंद्र खराद

डी] धागा रोलर्स।

thread2 screw threads

धागा

151] एक छोटा रिएमर जिसमें एक आर्बर या मैंड्रेल के साथ प्रयोग किया जाता है, एक अक्षीय छिद्र कहलाता है -------

ए] समानांतर रीमर

बी] एडजस्टेबल रीमर

C] एक्सपेंशन रीमर

<u>डी] चकिंगरीमर</u>

152] निम्नलिखित में से किस मशीन रीमर का उपयोग रीमर एक्सिस और वर्क एक्सिस के बीच मिसलिग्न्मेंट को ठीक करने के लिए किया जाता है?

ए] फ्लोटिंगब्लेडरीमर

बी] मशीन जिग रीमर।

सी] शैल रीमर

डी] चकिंग रीमर

153] टैप को पीसकर फिर से तेज किया जाता है -----

ए] हट्स

बी] धागे

सी] व्यास

डी] राहत

154] स्लिप गेज पर चींटी की गड़गड़ाहट के मामले में, इसे हटा दिया जाना चाहिए

ए] भरना

बी] लैपिंग

सी] स्क्रैपिंग

डी] पीस

155] जिस उद्देश्य से लैपिंग ऑपरेशन किया जाता है ---

ए] सतह खत्म को परिष्कृत करने के लिए।

बी] फिट की गुणवत्ता में सुधार करने के लिए

सी] ज्यामितीय सटीकता में सुधार करने के लिए,

डी] उपरोक्तसभी

156] लैपिंग कंपाउंड मैटेरियल ---------- है

ए] रेत का पत्थर

बी] हीरा

सी] क्वाट्र्ज

डी] कोरन्डम

157] वर्कपीस कब अपघर्षक से चार्ज हो जाता है और लैप को काट देता है?

ए] काम का टुकड़ा गोद से कठिन है

बी] कामकाटुकड़ागोदसेनरमहै

सी] गोद काम के टुकड़े से नरम है

डी] गोद काम के टुकड़े की तुलना में मोटा है

158] लैपिंग प्लेट पर ---------- के लिए खांचे दिए गए हैं।

ए] प्लेट के विरूपण को रोकना

बी] लैपिंगपेस्टकोबनाएरखना

सी] घर्षण को कम करना

डी] धातु-चिप्स एकत्र करता है

159] डायमंड लैपिंग के लिए निम्नलिखित सामग्री का उपयोग किया जाता है ....
ए] एच55
बी] कॉपर '
सी] एल्यूमिनियम ऑक्साइड,
डी] उच्च कार्बन स्टील
160] गटर बनाने, रूफ फ्लैशिंग, हुड आदि बनाने के लिए।
ए] जस्ती लोहा
बी] स्टेनलेस स्टील
सी] कॉपर शीट
डी] धातु की चादरें
161] डेयरियों में। खाद्य प्रसंस्करण, रसोई के बर्तन आदि
ए] जस्ती लोहा
बी] स्टेनलेस स्टील
सी] कॉपर शीट
डी] धातु की चादरें
162] बाल्टी, हीटिंग नलिकाएं, अलमारियाँ आदि बनाने के लिए।
ए] जस्ती लोहा
बी] स्टेनलेस स्टील
सी] कॉपर शीट
डी] धातु की चादरें
163] कैनरी और रासायनिक संयंत्रों में धातु की चादरें
ए] जस्ती लोहा
बी] स्टेनलेस स्टील
सी] कॉपर शीट
डी] धातु की चादरें
164] मिश्र धातु इस्पात, अच्छा संक्षारक प्रतिरोध और आसानी से वेल्ड
ए] काला लोहा
बी] जस्ती लोहा
सी] स्टेनलेस स्टील
डी] एल्यूमिनियम
165] सबसे सस्ता, किसी भी वांछित मोटाई में घुमाया जा सकता है
ए] काला लोहा
बी] जस्ती लोहा
सी] स्टेनलेस स्टील

डी] एल्यूमिनियम

166] समकोण पर लंबी त्रिज्या के साथ दिशा परिवर्तन प्रदान करता है।

एक प्लग

बी] कोहनी

सी] <u>बेंड</u>

डी] रेड्यूसर 'टी' शाखा

167] एक शाखा प्रकार हाथ से संचालित पाइप झुकने वाली मशीन का उपयोग मोड़ने के लिए किया जाता है

ए] पीवीसीपाइप

बी] ऑनडुइट पाइप

सी] <u>जीपाइप्स</u>

डी] तांबे के पाइप।

168] हाइड्रोलिक पाइप बेंडिंग मशीन के इनर फॉर्मर्स पाइप को के व्यास तक मोड़ने में सक्षम होते हैं

ए] 40 मिमी

बी] 100 मिमी

सी] 20 मिमी

डी] <u>75 मिमी</u>

169] 90° . का विचलन प्रदान करता है

एक प्लग

बी] <u>कोहनी</u>

सी] बेंड

डी] रेड्यूसर 'टी' शाखा

170] एक लाइन को बंद करने के लिए प्रयुक्त होता है जिसमें एक आंतरिक धागा होता है।

ए] <u>प्लग</u>

बी] कोहनी

सी] बेंड

डी] रेड्यूसर 'टी' शाखा

171] '45° . का विचलन प्रदान करता है

ए] बेंडो

बी] रेड्यूसर 'टी' शाखा

सी] <u>कोहनी</u>

डी] टी पीस

172] रन के लिए समकोण पर आउटलेट प्रदान करता है।

ए] बेंडो

बी] रेड्यूसर 'टी' शाखा

सी] कोहनी

डी] <u>टी पीस</u>

173] जहां ' पाइप व्यास में परिवर्तन की आवश्यकता होती है वहां प्रयुक्त होता है।

ए] बेंडो

बी] <u>रेड्यूसर 'टी' ब्रांक्झी</u>

सी] कोहनी

डी] टी पीस

174] पूर्व का चयन किस पर निर्भर करता है?

ए] <u>पाइप के बाहरी व्यास</u>

बी] पाइप की दीवार मोटाई

सी] पाइप का बोर व्यास

डी] उपरोक्त सभी।

175] एक पाइप धागे का सम्मिलित कोण है

ए] 60 डिग्री

बी] 47°

सी] <u>55 डिग्री</u>

डी] 45 डिग्री

176] ग्लिपाइप की मानक लंबाई में उपलब्ध हैं

ए] 5 मीटर

बी] 18"

सी] <u>6 मीटर</u>

डी] 16 फीट।

177] मानक पाइप फिटिंग के अनुरूप धागे प्रदान किए जाते हैं

ए] बीए

बी] बीएसडब्ल्यू

सी] <u>बसपा</u>

डी] मीट्रिक।

178] ग्लिपाइप्स पर बाहरी धागे आसानी से निकल जाते हैं

ए] टैप सेट्स . द्वारा

<u>बी] मर जाता है और स्टॉक मर जाता है</u>

सी] केंद्र खराद

डी] धागा रोलर्स।
179] नल से पानी मजबूती से बंद होने पर भी बहता है।
ए] स्पिंडल मुड़ा हुआ।
बी] दोषपूर्ण वॉशर।
सी] स्पिंडल पर वाल्व ढीला।
डी] स्पिंडल धागा घिसा-पिटा।
180] चालू और बंद करने के लिए जोर से टैप करें।
ए] स्पिंडल मुड़ा हुआ।
बी] दोषपूर्ण वॉशर।
सी] स्पिंडल पर वाल्व ढीला।
डी] स्पिंडल धागा घिसा-पिटा।
181] चालू होने पर नल में तेज आवाज।
ए] स्पिंडल मुड़ा हुआ।
बी] दोषपूर्ण वॉशर।
सी] स्पिंडल पर वाल्व ढीला ।
डी] स्पिंडल धागा घिसा-पिटा।
182] जीएल पाइप बाहरी रूप से प्रदान किए जाते हैं
ए] कोई धागा नहीं
बी] समानांतर धागे
सी] पतला धागे
डी] न तो समानांतर और न ही पतला धागे।
183] पाइप असेंबली में, गांजा पैकिंग का उपयोग किया जाता है
ए] आसान जुड़ाव के लिए
बी] धागे के बीच की खाई को भरने के लिए
सी] रिसाव से बचने के लिए
डी] तंग फिटिंग पाने के लिए।
184] सीलिंग कंपाउंड को पाइप के धागों पर लगाया जाएगा
ए] भांग पैकिंग से पहले
बी] भांग पैकिंग के बाद
सी] अस्थायी पैकिंग से पहले और बाद में
डी] उपरोक्त में से कोई नहीं।
185] ओम के लिए इकाई है
ए] प्रतिरोध
बी] वोल्टमीटर

सी] एमीटर
डी] सेल परीक्षक
186] पैनल बोर्ड पर लगाया गया
ए] प्रतिरोध
बी] वोल्टमीटर
सी] एमीटर
डी] सेल परीक्षक
187] यदि स्टार्टर मोटर के लिए पतली केबल का उपयोग किया जाता है
ए] केबल विल्ट गर्म हो जाता है
बी] वोल्टेज ड्रॉप
सी] आपूर्ति कम वर्तमान
डी] आपूर्ति अधिक वर्तमान।
188] बैटरी से मुख्य फीड तारों में का मुख्य रंग होता है
सफ़ेद
बी] ब्राउन ।
डी] लाल
डी] काला
189] अर्थ सर्किट रंग
सी] नीला / लाल
डी] लाल
ई] काला
एफ] सफेद
190] फ्रंट पार्किंग लैंप कलर
ए] ब्राउन
बी] पीला
सी] नीला / लाल
डी] लाल
191] इग्निशन सर्किट रंग
सी] नीला / लाल
डी] लाल
ई] काला
एफ] सफेद
192] सर्किट रंग उत्पन्न करना
ए] ब्राउन

बी] <u>पीला</u>

सी] नीला / लाल

डी] लाल

193] हेड लाइट सर्किट रंग

ए] ब्राउन

बी] पीला

सी] <u>नीला / लाल</u>

डी] लाल

194] बैटरी फीड सर्किट रंग

ए] <u>ब्राउन</u>

बी] पीला

सी] नीला / लाल

डी] लाल

lead acid battery6 electric-car-battery

वाहन में लेड एसिड बैटरी

195] बैटरी के वोल्टेज को मापता है

ए] प्रतिरोध

बी] <u>वोल्टमीटर</u>

सी] एमीटर

डी] सेल परीक्षक

196] एक मल्टीमीटर माप नहीं सकता...

एक लहर

बी] संभावित अंतर

सी] सी <u>क्षमता</u>

197] पृथ्वी कंडक्टर के लिए जमीन के लिए एक मार्ग प्रदान करता है..

ए <u>लीकेजकरंट</u>

बी] वर्तमान से अधिक

सी] उच्च वोल्टेज

डी] सर्किट वर्तमान

198] किसी चालक में विकसित ऊष्मा किसके समानुपाती होती है?

ए] शक्ति का वर्ग

बी] प्रतिरोध का वर्ग

C] धाराकावर्ग

डी] समय का वर्ग

200] अंक अलग करता है

ए] सोलेनॉइड स्विच

बी] सक्रिय तार (गर्म होने पर)

सी] गिट्टी प्रतिरोधी

डी] सक्रिय तार (ठंडा होने पर)

201] धारा को बिंदुओं तक सीमित करता है

ए] सोलेनॉइड स्विच

बी] सक्रिय तार (गर्म होने पर)

सी] गिट्टी प्रतिरोधी

डी] सक्रिय तार (ठंडा होने पर)

202] अंक बंद करता है

ए] सोलेनॉइड स्विच

बी] सक्रिय तार (गर्म होने पर)

सी] गिट्टी प्रतिरोधी

डी] सक्रिय तार (ठंडा होने पर)

203] बैटरी इलेक्ट्रोलाइट के विशिष्ट गुरुत्व की जाँच किसके द्वारा की जाती है

ए] एमीटर

बी] वोल्टमीटर

सी] हाइड्रोमीटर

204] बिजली कंपनियां पावर फैक्टर में सुधार करने में रुचि रखती हैं

ए] लाइनकरंटकमकरें

बी] मोटर दक्षता में वृद्धि

C] वोल्ट-एम्पीयर बढ़ाएँ

डी] शक्ति में कमी

205] मूविंग कॉइल इंस्ट्रूमेंट किसके प्रभाव पर काम करता है...

ए] रासायनिक प्रभाव

बी] ताप प्रभाव
सी] इलेक्ट्रोस्टैटिक प्रभाव
डी] विद्युतचुम्बकीयप्रभाव
206] चुंबकीय क्षेत्र उत्पन्न करता है
ए] आर्मेचर
बी] स्पार्क प्लग
सी] कंडेनसर
डी] घोड़े का जूता
207] चुंबकीय ध्रुवों के बीच घूमता है
ए] आर्मेचर
बी] स्पार्क प्लग
सी] कंडेनसर
डी] घोड़े का जूता
208] स्टेटर वाइंडिंग के सिरे से जुड़े होते हैं
ए] फील्ड कॉइल
बी] कार्बन ब्रश
सी] कॉपर ब्रश
डी] डायोड ।
209] डायोड में गर्मी को अवशोषित करता है
ए] डायोड
बी] स्टेटर
सी] उंगलियां
डी] हीट सिंक
210] सिलिकॉन से बना
ए] डायोड
बी] स्टेटर
सी] उंगलियां
डी] हीट सिंक
211] 10 मिमी एमएस प्लेट काटने वाली गैस के लिए एसिटिलीन गैस का दबाव है...
ए] 0.15 किग्रा/सेमी2
बी] 0.5 किग्रा/सेमी2
सी] 1.0 किग्रा/सेमी2
डी] 1.5 किग्रा/सेमी2

212] 10 मिमी मोटी माइल्ड स्टील काटने के लिए आप किस आकार के कटिंग नोजल का चयन करेंगे?

ए] 0.8 मिमी

बी] 1.2 मिमी

सी] 1.6 मिमी

डी] 2.0 मिमी

213] दायीं ओर वेल्डिंग तकनीक के मामले में फिलर रॉड का कोण है...

ए] 10 से 20◦

बी] 20 से 30◦

सी] 30 से 40◦

डी] 40 से 50◦

214] गैस वेल्डिंग की उच्च दबाव प्रणाली के लाभों में से एक है...

ए] यह सस्ता है

बी] यहपोर्टेबलहै

सी] यह कम खतरनाक है

डी] इसके लिए एक कुशल वेल्डर की आवश्यकता नहीं है

215] गैस नियामक का कार्य है...

ए] विभिन्न प्रकार की लपटें प्राप्त करें

बी] गैसों को आवश्यक अनुपात में मिलाएं

C] ब्लो पाइप में बहने वाली गैस का आयतन बदलें

डी] कामकादबावसेटकरें

216] गैस द्वारा एक लैप फिलेट जोड़ को ऊर्ध्वाधर स्थिति में वेल्ड करने के लिए नीचे के पाइप का वेल्ड की रेखा से कोण क्या होना चाहिए?

ए] 30◦ से 40◦

बी] 45◦ से 50◦

सी] 60◦ से 70◦

डी] 75◦ से 80◦

217] विस्फोटों से बचने के लिए एसिटिलीन गैस को पारित करने के लिए किस धातु के पाइप का उपयोग नहीं किया जाना चाहिए?

ए] जस्ती लोहा

बी] स्टेनलेस स्टील

सी] हल्के स्टील

डी] सहयोग

218] एसिटिलीन गैस में कार्बन का प्रतिशत है...

ए] 99%

बी] <u>92.3%</u>

सी] 89.1%

डी] 85.3%

219] एसिटिलीन गैस में होता है

ए] कैल्शियम, कार्बन और हाइड्रोजन

बी] कैल्शियम और हाइड्रोजन

सी] कैल्शियम, कार्बन, हाइड्रोजन और ऑक्सीजन

डी] <u>कार्बनऔरहाइड्रोजन</u>

220] एक एसिटिलीन शोधक में सल्फरेटेड और फॉस्फोरेटेड हाइड्रोजन को किसके द्‌वारा हटा दिया जाता है...

ए] झांवा

बी] पानी

सी] फ़िल्टर ऊन

डी] <u>शुद्‌धकरनेवालेरसायन</u>

221] गैस वेल्डिंग में फ्लक्स का एक कार्य है...

ए] <u>धातुआक्साइडभंग</u>

बी] मानसिक के गलनांक को कम करें

सी] लौ का तापमान बढ़ाएं

डी] जड़ पैठ बढ़ाएँ

222] निम्नलिखित में से किस कारक पर गैस वेल्डिंग के लिए फ्लक्स का चुनाव निर्भर करता है?

ए] <u>शामिलहोनेवालीसामग्रीकाप्रकार</u>

बी] किनारे के प्रवेश का प्रकार

सी] ईंधन गैस का प्रकार

डी] इस्तेमाल की जाने वाली लौ का प्रकार

223] एक 300 मिमी लंबे तांबे के बट संयुक्त गैस वेल्डिंग के लिए आवश्यक विचलन भत्ता है...

ए] 1 से 2 मिमी

बी] 2 से 3 मिमी

सी] <u>3 से 4 मिमी</u>

डी] 4 से 5 मिमी

224] 4 मिमी मोटे तांबे के बट के जोड़ को गैस वेल्डिंग के लिए की जाने वाली बढ़त का प्रकार है...

ए] सिंगल बेवेल

बी] सिंगलवी

सी] डबल वी

डी] वर्ग

225] गैस वेल्ड के लिए प्रयुक्त नोजल का आकार 3.15 मिमी मोटा एल्यूमीनियम बट जोड़ है...

ए] 13

बी] 10

सी] 7

डी] 5

226] एल्युमिनियम की गैस वेल्डिंग के लिए प्रीहीटिंग तापमान का मान क्या है?

ए] 100 से 120◦C

बी] 150 से 180◦C

सी] 180 से 200◦C

डी] 210 से 250◦C

227] एक पाइप टी जोड़ के लीक प्रूफ जोड़ों को बनाने और खत्म करने के लिए उपयोग किए जाने वाले उपकरण का नाम बताएं

ए] ग्रोवर

बी] हथौड़ा स्थापित करना

सी] क्रीजिंग हैमर

डी] राउंड बॉटम स्टेक

228] सिंगल वी के वी ग्रूव का कोण लेकिन कच्चा लोहा वेल्डिंग के लिए जोड़ है...

ए] 60◦

बी] 70◦

सी] 80◦

डी] 90◦

229] परिरक्षित धातु चाप वेल्डिंग की प्रक्रिया के तहत वर्गीकृत किया गया है...

ए] विद्युत प्रतिरोध वेल्डिंग

बी] विशेष वेल्डिंग

सी] इलेक्ट्रिकआर्कवेल्डिंग

डी] इलेक्ट्रो गैस वेल्डिंग

230] इलेक्ट्रोड धारक के आकार को कैसे निर्दिष्ट करें?

ए] इसके वजन से

बी] इसके आकार से

सी] इसकीवर्तमानवहनक्षमताद्वारा

D] इसे बनाने के लिए प्रयुक्त धातु द्वारा

231] एक 3.15 मिमी मध्यम लेपित हल्के स्टील इलेक्ट्रोड के लिए वर्तमान सेट है...

ए] 50 से 80 एम्पीयर

बी] 90 से 120 एम्पीयर

सी] 120 से 150 amp

डी] 150 से 170 एम्पीयर

232] एक लंबे चाप का प्रयोग किया जाता है...

ए] कम हाइड्रोजन इलेक्ट्रोड के साथ वेल्डिंग

बी] क्षैतिज स्थिति

सी] प्लगयास्लॉटवेल्डिंग

डी] कच्चा लोहा वेल्डिंग

233] यदि इलेक्ट्रोड की यात्रा की गति अधिक है, तो टी पट्टिका जोड़ पर आपको किस प्रकार का वेल्ड दोष मिलेगा?

ए] ओवरलैप

बी] लावा शामिल करना

सी] अत्यधिक सुदृढीकरण

डी] जड़प्रवेशकीकमी

234] कवरिंग/फाइनल रन में इलेक्ट्रोड की अनुचित बुनाई के कारण लैप फिलेट जोड़ पर कौन सा वेल्ड दोष होता है?

एक दरार

बी] अंडरकट

सी] संलयन की कमी

D] प्लेटकाकिनारापिघलगया

235] ऑक्सी-आर्क काटने की प्रक्रिया में निम्नलिखित में से किसका उपयोग किया जाता है?

ए] फ्लक्स लेपित ठोस इलेक्ट्रोड

बी] नंगे तार ट्यूबलर इलेक्ट्रोड

सी] फ्लक्सलेपितट्यूबलरइलेक्ट्रोड

डी] नंगे टंगस्टन चाप काटने इलेक्ट्रोड

236] कार्बन चाप काटने के उपकरण में इलेक्ट्रोड धारक किसका बना होता है...

ए] सादा कार्बन स्टील

बी] जस्ती लोहा

सी] एल्यूमीनियम

डी] तांबा

237] एनीलिंग का मुख्य उद्देश्य ----------- है।

<u>ए] मशीनेबिलिटीमेंसुधारकरनेकेलिए</u>

बी] चुंबकत्व में सुधार करने के लिए

सी] कठोरता बढ़ाने के लिए

डी] कठोरता बढ़ाने के लिए

238] HSS टूल में कार्बन प्रतिशत होता है------

<u>ए] 0.75 से 1.00%</u>

बी] 1.00 से 2.00 00

सी] 0.60 से 0.75%

डी] 0.02 से 0.03%।

239] निम्न में से कौन-सा एक धातु का लोचदार विरूपण के लिए प्रतिरोध है?

ए] लचीलापन।

बी] ताकत

<u>सी] कठोरता</u>

डी] कठोरता

240] आवश्यक गुण प्राप्त करने के लिए स्टील की संरचना को बदलने के लिए हीटिंग और कूलिंग की प्रक्रिया को कहा जाता है

ए] हार्डनिंग

<u>बी] सामान्यीकरण</u>

सी] गर्मी उपचार

डी] तड़के

241] एनीलिंग का मुख्य उद्देश्य है

ए] कठोरता बढ़ाएं

बी] कठोरता बढ़ाएँ

<u>सी] मशीनेबिलिटीमेंसुधार</u>

डी] विरूपण में सुधार

242] स्टील को सामान्य बनाने का उद्देश्य है -----------

<u>ए] प्रेरिततनावकोदूरकरें</u>

बी] जीन में सुधार और भंगुरता को कम करें

सी] धातु को नरम करें

डी] सतह बढ़ाएँ?

243] बाहरी 5” एनीलिंग . को सख्त करने के लिए निम्नलिखित में से किस प्रक्रिया का उपयोग किया जाता है?

ए] हार्डनिंग

बी] तड़के

<u>सी] केसहार्डनिंग</u>

डी] आंसू सतह

244] टफ और डक्ट IIe कोर और हार्ड के साथ एक कंपोनेंट के उत्पादन के उद्देश्य को ...... के रूप में जाना जाता है।

ए] हार्डनिंग

<u>बी] केससख्त</u>

सी] तड़के

डी] एनीलिंग

245] सख्त होने पर उच्च कार्बन स्टील का कम महत्वपूर्ण तापमान ---------- होता है

ए] 9600C

बी] 900 डिग्री सेल्सियस

<u>सी] 7230 सी</u>

डी] 56O सी

246] संरचना को बदलने और इस प्रकार हीटिंग और कूलिंग द्वारा गुणों को बदलने की प्रक्रिया के रूप में जाना जाता है -

<u>ए] हीटट्रीटमेंट</u>

बी] मिश्र धातु

सी] तड़के

डी] इनमें से कोई नहीं

247] अनाज की संरचना को परिष्कृत करने के लिए निम्नलिखित में से कौन सी ऊष्मा उपचार प्रक्रिया को अपनाया जाता है।

ए] एनीलिंग

बी] हार्डनिंग

सी] तड़के

<u>डी] सामान्यीकरण</u>

248] एनीलिंग लोहे और स्टील पर की जाती है ---------

ए] आंतरिक तनाव को दूर करने के लिए

बी] कठोरता को कम करने के लिए

सी] मशीनेबिलिटी में सुधार करने के लिए

<u>डी] येसभी</u>

249] निम्नलिखित में से कौन-सा एक ऊष्मा उपचार के चरणों में नहीं आता है?

ए] ताप

बी] सफाई
सी] शमन
डी] भिगोना
250] दबाव में द्रव
ए] भारी शुल्क इंजन शुरू करने के लिए
बी] स्टार्टर मोटर
सी] हाइड्रोलिक क्रैंकिंग
डी] इलेक्ट्रिक मोटर
251] हाइड्रोलिक फ्लोर जैक का उपयोग किया जाता है
ए] किंग पिन बुश को हटाने के लिए
बी] पहिया उठाने के लिए
सी] झाड़ी को दबाने के लिए
डी] नौकरी पकड़ो।
252] निम्नलिखित में से कौन सा वायवीय प्रणाली का लाभ है?
ए] कम लागत वाले लेआउट के लिए
B] उत्पादन की दर बढ़ाने के लिए
सी] बेहतर कामकाजी माहौल के लिए
डी] येसभी
253]हाइड्रोलिक ब्रेक सिस्टम में द्रव का दबाव किसके द्वारा नियंत्रित होता है
ए] कानून उबालता है
बी] चार्ल्स कानून
C] पास्कलकानियम
डी] उपरोक्त कानूनों में से कोई नहीं
254] तरल पदार्थ को सिलेंडर के अंदर और बाहर दोनों तरह से जाने देता है
ए] पिस्टन
बी] पुश रॉड
सी] प्राथमिक कप
डी] चेकवाल्व
255] क्षतिपूर्ति बंदरगाह को सील करता है
ए] पिस्टन
बी] पुश रॉड
सी] प्राथमिककप
डी] चेक वाल्व
256] पिस्टन को सक्रिय करता है

ए] पिस्टन
बी] पुशरॉड
सी] प्राथमिक कप
डी] चेक वाल्व
257] द्रव पर दबाव विकसित करता है
ए] पिस्टन
बी] पुश रॉड
सी] प्राथमिक कप
डी] चेक वाल्व
258] बाहर जाने के लिए ईंधन पर दबाव विकसित करता है
ए] वाल्व
बी] कुंडल वसंत
सी] डायाफ्राम
डी] रॉकर आर्म
259] डायाफ्राम को सक्रिय करता है
ए] वाल्व
बी] कुंडल वसंत
सी] डायाफ्राम
डी] रॉकरआर्म
260] वाहन के चालक के रूप में कार्य करने वाला व्यक्ति कहलाता है
एक कंडक्टर
बी] चालक
सी] यात्री
डी] दर्शक।
261] वाहन को खतरनाक स्थिति में छोड़ने के लिए अधिनियम
ए] एमवी अधिनियम 1988 का 125
बी] एमवी अधिनियम 1988 के 126
सी] एमवी अधिनियम 1988 का 128
डी] 122 एमवी अधिनियम 1988
262] रनिंग बोर्ड पर सवार होने के लिए अधिनियम
बी] एमवी अधिनियम 1988 के 126
सी] एमवी अधिनियम 1988 का 128
डी] 122 एमवी अधिनियम 1988
ई] 123 एमवी अधिनियम 1988

263] चालक के अवरोध के लिए अधिनियम
ए] एमवी अधिनियम 1988 का 125
बी] एमवी अधिनियम 1988 के 126
सी] एमवी अधिनियम 1988 का 128
डी] 122 एमवी अधिनियम 1988
264] स्थिर वाहनों के लिए अधिनियम
ए] एमवी अधिनियम 1988 का 125
बी] एमवी अधिनियम 1988 के 126
सी] एमवी अधिनियम 1988 का 128
डी] 122 एमवी अधिनियम 1988
265] चालकों और पीछे बैठने वालों के लिए सुरक्षा उपायों के लिए अधिनियम
ए] एमवी अधिनियम 1988 का 125
बी] एमवी अधिनियम 1988 के 126
सी] एमवी अधिनियम 1988 का 128
डी] 122 एमवी अधिनियम 1988
266] वाहन को उठाने के लिए प्रयोग किया जाता है
ए] दबाव नापने का यंत्र
बी] तेल टैंक
सी] तेल स्प्रे बंदूक
डी] कार लहरा
267] कार लहरा में प्रयुक्त
ए] दबाव नापने का यंत्र
बी] तेल टैंक
सी] तेल स्प्रे बंदूक
डी] कार लहरा
268] डीजल चक्र में दहन होता है
ए] लगातार दबाव
बी] लगातार मात्रा ''
सी] लगातार तापमान
डी] लगातार तापमान और दबाव।
269] रुडोल्फ डीजल ने एकCl.engine विकसित किया
ए] 1876
बी] 1880
सी] 1892

डी] 1930

engines5

diesel engine-valves

वाहन में इंजन

270] पर्किन्स ने 'पी' सीरीज के इंजन बनाए

ए] 1876

बी] 1880

सी] 1892

डी] 1930

271] NA OTTO ने एक 4 स्ट्रोक साइकिल इंजन विकसित किया

ए] 1876

बी] 1880

सी] 1892
डी] 1930
272] डगल्ड क्लर्क ने 2 स्ट्रोक साइकिल इंजन विकसित किया
ए] 1876
बी] <u>1880</u>
सी] 1892
डी] 1930
273] एक क्षैतिज रेखा में सभी सिलेंडर
ए] 'वी' इंजन
बी] <u>इनलाइनइंजन</u>
सी] विरोध इंजन
डी] रेडियल इंजन
274] 'वी' आकार में स्थित सिलेंडर
ए] <u>'वी' इंजन</u>
बी] इनलाइन इंजन
सी] विरोध इंजन
डी] रेडियल इंजन
275] सिलिंडर रेडियल रूप से स्थित हैं
ए] 'वी' इंजन
बी] इनलाइन इंजन
सी] विरोध इंजन
डी] <u>रेडियलइंजन</u>
276] सिलेंडरों को एक दूसरे के विपरीत क्षैतिज रूप से व्यवस्थित किया गया
ए] 'वी' इंजन
बी] इनलाइन इंजन
सी] <u>विरोधइंजन</u>
डी] रेडियल इंजन
277] पार्किंग लाइट सह संकेतक के रूप में उपयोग किया जाता है
ए] एक सममित बल्ब
बी] लघु बल्ब
सी] फेस्टून बल्ब
डी] <u>एससी / एसएफ</u>
278] नो प्लेट लैंप के रूप में उपयोग किया जाता हैऔर ब्रेक लैंप
बी] लघु बल्ब

सी] फेस्टून बल्ब

डी] **एससी / एसएफ**

ई] डीसी / डीएफ

279] टू व्हीलर टेल लैंप के रूप में उपयोग किया जाता है

ए] एक सममित बल्ब

बी] लघु बल्ब

सी] फेस्टून बल्ब

डी] **एससी / एसएफ**

280] पैनल इंस्ट्रूमेंट लैंप के रूप में उपयोग किया जाता है

ए] एक सममित बल्ब

बी] लघु बल्ब

सी] फेस्टून बल्ब

डी] **एससीआईएस.एफ.**

281] हेडलाइट बल्ब के रूप में उपयोग किया जाता है

ए] एक सममित बल्ब

बी] लघु बल्ब

सी] फेस्टून बल्ब

डी] **एससीआईएस.एफ.**

282] हेड लाइट के पुर्जों को में बदला जा सकता है

ए] सीलबंद बीम

बी] फ्लश फिटिंग प्रकार

सी] प्रीफोकस्ड बल्ब

डी] हलोजन बल्ब।

283] हेड लाइट का उपयोग के रूप में भी किया जाता है

ए] साइड इंडिकेटर

बी] स्टॉप इंडिकेटर

सी] सिग्नलिंग डिवाइस

डी] हीटिंग डिवाइस।

284] शेल प्रकाश किरणों को सड़क पर निर्देशित करने के लिए

ए] हेडलैम्प

बी] परावर्तक

सी] लेंस

डी] एडॉप्टर

285] बल्ब को होल्डर में रखने के लिए

ए] हेडलैम्प
बी] परावर्तक
सी] लेंस
डी] एक डॉप्टर
286] रोशनी पैदा करने के लिए
बी] परावर्तक
सी] लेंस
डी] एडॉप्टर
ई] बल्ब
287] चपटे अंडाकार आकार के बीम का उत्पादन करने के लिए
ए] हेडलैम्प
बी] परावर्तक
सी] लेंस
डी] एडॉप्टर
288] परावर्तक को स्थिति में रखने के लिए
ए] हेडलैम्प
बी] परावर्तक
सी] लेंस
डी] एडॉप्टर
289] यह इंगित करने के लिए कि वाहन को ब्रेक लगाया जा रहा है
ए] हेडलाइट
बी] पार्किंग लाइट
सी] प्रकाश बंद करो
डी] पैनल लाइट
290] गेजों की कार्यप्रणाली को पढ़ने के लिए
ए] हेडलाइट
बी] पार्किंग लाइट
सी] प्रकाश बंद करो
डी] पैनल लाइट
291] सड़क पर रोशनी प्रदान करने के लिए
ए] हेडलाइट
बी] पार्किंग लाइट
सी] प्रकाश बंद करो
डी] पैनल लाइट

292] वाहन **की पार्किंग को इंगित करने के लिए**
ए] हेडलाइट
बी] पार्किंग लाइट
सी] प्रकाश बंद करो
डी] पैनल लाइट
293] सिलेंडर के सिर से फुफकारने का क्या कारण है?
ए] अत्यधिक टैपेट निकासी
बी] गलत इंजेक्शन समय
सी] पाई-इग्निशन
डी] एयर क्लीनर बढ़ते ढीले।
294] सिलेंडर हेड या ब्लॉक पर लगा हुआ
ए] फिन्स
बी] रेडिएटर
सी] फैन
डी] पानीपंप
295] सिलेंडर के अंदर और बाहर दोनों तरह से तरल पदार्थ की अनुमति देता है
ए] पिस्टन
बी] पुश रॉड
सी] प्राथमिक कप
डी] चेकवाल्व
296] एयर टैंक से हवा के अतिरिक्त दबाव से राहत देता है।
ए] एयर कंप्रेसर
बी] अनलोडर वाल्व
सी] सुरक्षावाल्व
डी] ब्रेक चैम्बर

air tank safety valve

mmv air tank safety valve

एयर टैंक सुरक्षा वाल्व

297] अधिकतम वायु दाब को नियंत्रित करता है, वायु टैंक तक पहुँचता है।
ए] एयर कंप्रेसर
बी] अनलोडरवाल्व
सी] सुरक्षा वाल्व
डी] ब्रेक चैम्बर
298] हवा से आगे और पीछे के ब्रेक की आपूर्ति करता है
ए] ब्रेक एक्ट्यूएटर
बी] दोहरीब्रेकवाल्व
सी] सिस्टम सुरक्षा वाल्व
डी] फ्लिक वाल्व

hydraulic pnumatic

brakes brakes

कार में ब्रेक

299] वाहन पार्किंग के लिए संचालित।
ए] ब्रेक एक्ट्यूएटर
बी] दोहरी ब्रेक वाल्व
सी] सिस्टम सुरक्षा वाल्व
डी] फ्लिकवाल्व
300] विभिन्न सर्किटों में हवा वितरित करता है
ए] ब्रेक एक्ट्यूएटर
बी] दोहरी ब्रेक वाल्व
सी] सिस्टमसुरक्षावाल्व
301] वाल्वों को बंद स्थिति में रखता है
ए] पुश रॉड
बी] Tappet
सी] वसंत

डी] कैम लोब

engine valves3

diesel engine-valves

इंजन वाल्व

302] ईंधन को अंदर और बाहर बहने दें

ए] <u>वाल्व</u>

बी] कुंडल वसंत

सी] डायाफ्राम

डी] रॉकर आर्म

cooling system3

engine cooling

कार में शीतलन प्रणाली

303] शीतलक को विस्तार टैंक में जाने देता है

ए] <u>दबावराहतवाल्व</u>

बी] इंजन फैन बेल्ट

सी] रेडिएटर नाली प्लग

डी] ओवर फ्लो पाइप

304] एक अतिप्रवाह वाल्व का उपयोग किया जाता है

ए] <u>ईंधन भराव से अतिरिक्त ईंधन वापस भेजने के लिए</u>

बी] ईंधन फिल्टर को अधिक ईंधन की आपूर्ति करने के लिए

सी] स्वच्छ ईंधन की आपूर्ति करने के लिए

डी]लीक ईंधन लेने के लिए

305] फीड पंप किसके द्वारा संचालित होते हैं

ए] इंजन का कैंषफ़्ट

बी] <u>एफआईपी का कैंषफ़्ट</u>

सी] टाइमिंग गियर्स

डी] इंजन से इंजन में भिन्न होता है।

306] तेल पंप आमतौर पर द्वारा संचालित होते हैं

ए] <u>कैंषफ़्ट</u>

बी] घुमाव शाफ्ट

सी] क्रैंकशाफ्ट

डी] स्पंज चरखी

307]इंजन किसके कारण कम शक्ति विकसित करता है

ए] <u>दोषपूर्णइग्निशनटाइमिंग</u>

बी]अत्यधिक समृद्ध मिश्रण

सी]दोषपूर्ण स्नेहन प्रणाली

डी] बहुत तंग सिलेंडर सिर

308] द्रव पर दबाव बनाता है

ए] ब्रेक पेडल

बी] <u>मास्टरसिलेंडरपिस्टन</u>

सी] व्हील सिलेंडर पिस्टन

डी] वितरण खंड

309] लिंकेज के माध्यम से मास्टर सिलेंडर पिस्टन को धक्का देता है।

ए] <u>ब्रेकपेडल</u>

बी] मास्टर सिलेंडर पिस्टन

सी] व्हील सिलेंडर पिस्टन

डी] वितरण खंड

310] पिस्टन को सक्रिय करता है

ए] पिस्टन

बी] <u>पुशरॉड</u>

सी] प्राथमिक कप

डी] चेक वाल्व

311] द्रव पर दबाव विकसित करता है

ए] <u>पिस्टन</u>

बी] पुश रॉड

सी] प्राथमिक कप

डी] चेक वाल्व

इंजन में पिस्टन और रिंग

312] पिस्टन का विस्थापन आयतन

ए] |.एचपी

बी] बहमात्रा

सी] यांत्रिक दक्षता

डी] हॉर्स पावर

313] सिलेंडर में पिस्टन के नीचे की ओर गति का प्रारंभिक बिंदु

ए] टीडीसी।

बी] साइकिल

सी] बीडीसी

डी] इग्निशन

314] सिलेंडर में पिस्टन के ऊपर की ओर गति का प्रारंभिक बिंदु

ए] टीडीसी

बी] साइकिल

सी] बीडीसी

डी] इग्निशन

315] द्वारा झटका रोकता है

ए] पिस्टन

बी] पिस्टन पिन

सी] कनेक्टिंग रॉड

डी] पिस्टनकेछल्ले

316] सिलेंडर में घूमता है

ए] पिस्टन

बी] पिस्टन पिन
सी] कनेक्टिंग रॉड
डी] पिस्टन के छल्ले
317] पिस्टन और कनेक्टिंग रॉड को जोड़ता है
ए] पिस्टन
बी] पिस्टनपिन
सी] कनेक्टिंग रॉड
डी] पिस्टन के छल्ले
318] बेलन में दोलन करता है
ए] पिस्टन
बी] पिस्टन पिन
सी] कनेक्टिंगरॉड
डी] पिस्टन के छल्ले
319]कनेक्टिंग रॉड के ऊपर और नीचे के हिस्सों को बोल्ट किया गया है
ए] क्रैंकशाफ्ट मैन जर्नल
बी] क्रैंकपिनजर्नल
सी] कैंषफ़्ट
डी] पिस्टन पिन बॉस
320] क्रैंकशाफ्ट मुख्य जर्नल और क्रैंक पिन के बीच एक छेद ड्रिल किया जाता है
ए] क्रैंकशाफ्ट का संतुलन
बी] क्रैंकशाफ्ट वजन कम करना
सी] स्नेहनकनेक्टिंगरॉडबेयरिंग
डी] क्रैंकशाफ्ट कंपन को कम करना
321] पारस्परिकगतिकोघूर्णनगतिमेंपरिवर्तितकरताहै
ए] क्रैंकशाफ्ट
बी] चक्का
सी] टोक़ रिंच
डी] जोर असर
322] कार्रवाई को खींचने और धक्का देने के लिए रोटरी आंदोलन
ए] वाइपर मोटर
बी] क्रैंकिंग लिंक
सी] **पिनियन**
डी] वाइपर ब्लेड
323] व्हील हब बियरिंग्स को समायोजित करता है।

ए] किंगपिन

बी] स्प्रिंग पैड

सी] <u>स्टबएक्सलशाफ्टभाग</u>

डी] ट्रैक रॉड बॉल जोड़ों

324] ड्रॉ प्लेट के साथ धक्का

ए] क्लच कवर

बी] <u>रिलीजअसर</u>

सी] उंगलियों को छोड़ दें

डी] क्लच प्लेट

325] **जोरभारलेताहै**

ए] क्रैंकशाफ्ट

बी] चक्का

सी] टोक़ रिंच

डी] <u>जोरअसर</u>

326]वितरक शाफ्ट द्वारा समर्थित है

ए] बॉल बेयरिंग

बी] खोल असर

सी] <u>झाड़ीअसर</u>

डी] सुई असर

327] ऊर्जाभंडारकरताहै

ए] क्रैंकशाफ्ट

बी] <u>चक्का</u>

सी] टोक़ रिंच

डी] जोर असर

328] फ्लाईव्हील रिंग के साथ संलग्न है

ए] <u>पिनियन</u>

बी] ओवर रनिंग क्लच

सी] सवार डिस्क

डी] क्लच

329] फ्लाईव्हील मैग्नेटो में शामिल हैं

ए] अस्थायी चुंबक

बी] बार चुंबक

सी] <u>स्थायी चुंबक</u>

डी] सुई चुंबक।

330] फ्लाईव्हील मैग्नेटो में, इग्निशन कॉइल है

ए] स्थिर

बी] चल रहा है

सी] घूर्णन

डी] दोलन।

331] स्थायी चुंबक को घुमाने के लिए

एक स्विच

बी] माध्यमिक कुंडल

सी]चक्का

डी] कंडेनसर

332] वाहन को उलटते समय चालक को नियंत्रित करना चाहिए

ए] क्लच

बी] फॉरवर्ड गियर

सी] त्वरक

डी] हैंड ब्रेक।

333] क्लच प्लेट असेंबली में एक सेंटर स्टील डिस्क होती है जिसमें स्प्रिंग के साथ रिवेट किया जाता है

ए] ताकत

बी] लचीलापन

सी] कम शोर

डी] झटकेअवशोषित

334] कुत्ते के चंगुल का प्रयोग किया जाता है

ए] गियरबॉक्स

बी] घर्षण चंगुल

सी] ब्रेक

डी] अंतर

dog clutches2

mmv dog clutches

वाहन में कुत्ते की पकड़

335] सिंक्रोमेश तंत्र के लिए प्रदान किया गया है

ए] वाहन की गति बढ़ाना

बी] वाहन की गति को कम करना

C] स्मूथ गियर एंगेजमेंट'

डी] उपरोक्त में से कोई नहीं।

336] केवल स्पर गियर का उपयोग किया जाता है

ए] स्लाइडिंग जाल

बी] सिंक्रोमेश

सी] डबल डिक्लचिंग

डी] स्थानांतरण मामला

337] चिकनी गियर शिफ्टिंग के लिए प्रयुक्त

ए] स्लाइडिंग जाल

बी] सिंक्रोमेश

सी] डबल डिक्लचिंग

डी] स्थानांतरण मामला

338] हार्ड गियर शिफ्टिंग किसके कारण होती है

ए] घिसा हुआ क्लच डिस्क

बी] क्षतिग्रस्त मुख्य शाफ्ट बीयरिंग

सी] तुल्यकालन इकाई क्षतिग्रस्त

डी] गियरबॉक्स में अत्यधिक तेल।

339] गियर स्लिप किसके कारण होता है

ए] पहना हुआ सिंक्रोनाइज़र

बी] घिसा हुआ क्लच डिस्क

सी] सूखी मुख्य शाफ्ट असर

डी] क्लच का कमजोर दबाव वसंत।

340] विशेष गियर में शोर किसके कारण होता है

ए] अपर्याप्त क्लच पेडल फ्री प्ले

बी] क्षतिग्रस्त गियर दांत

सी] फटा गियर बॉक्स केस

डी] क्षतिग्रस्त सिंक्रोमेश इकाई ।

341] गियरशिफ्ट लीवर का उपयोग के लिए किया जाता है

ए] रिलीजिंग क्लच

बी] गियर बदलना

C] इंजन की गति बढ़ाना

डी] वाहन की दिशा को नियंत्रित करना।

steering gearbox3 steering system

वाहन में स्टीयरिंग गियरबॉक्स

342] किस प्रकार के स्टीयरिंग गियर बॉक्स में चर स्टीयरिंग राशन प्राप्त किया जाता है?

ए] वर्मऔररोलरस्टीयरिंगगियर

बी] वर्म और नट स्टीयरिंग गियर

सी] वर्म और सेक्टर स्टीयरिंग गियर

डी] रैक और पिनियन स्टीयरिंग गियर

speed gear box6

gear box

वाहन में स्पीड गियर बॉक्स

343] वाहन के माध्यम से अलग गति प्राप्त करता है

ए] <u>गियरबॉक्स</u>

बी] क्लच

सी] अंतर

डी] रियर एक्सल और व्हील

344] कुत्ते के चंगुल का प्रयोग किया जाता है

ए] <u>गियरबॉक्स</u>

बी] घर्षण चंगुल

सी] ब्रेक

डी] अंतर

345] एक 3 स्पीड गियर बॉक्स में निम्नलिखित संयोजन गियर प्रदान किए जाते हैं

ए] <u>3 आगेऔर 1 रिवर्स</u>

बी] 2 आगे और 1 रिवर्स

सी] 4 आगे

डी] 2 आगे और 2 रिवर्स

346] कौन सा गियर अक्षीय विश्वास उत्पन्न नहीं करता है

ए] स्परगियर

बी] पेचदार गियर

सी] सर्पिल बेवल गियर

डी] बेवल गियर

347] कौन सा गियर रोटरी गति को रैखिक गति में परिवर्तित करता है

ए] वर्म गियर्स

बी] हेरिंग बोन गियर

सी] रैकऔरपिनियन

डी] पेचदार गियर

348] गियर स्लिप होने का क्या कारण है

ए] बिना चिकनाई वाला गियर लिंका-गेस

बी] गियर बॉक्स में कम तेल

सी] गियर के टूटे दांत

डी] गियरलीवरकागलतसमायोजन

349] डिफरेंशियल गियर रेशियो की गणना निम्नलिखित में से किसी एक कथन से की जा सकती है:

ए] सन गियर

बी] ग्रहगियर

सी] क्राउन व्हील

डी] पिनियन

diffrential gear box3

Diffrential

ट्रक में डिफरेंशियल गियर बॉक्स

350]कूलिंग सिस्टम में कूलेंट के क्वथनांक को किसके उपयोग से बढ़ाया जाता है
ए] वॉटर जैकेट
बी]वैक्यूम वाल्व केवल
सी] दबावप्रकाररेडिएटरकैप
डी] रेडिएटर कोर ट्यूब/पाइप

radiator cap4

mmv Radiator cap

वाहन में रेडिएटर कैप

351] प्रेशर रेडिएटर कैप का मुख्य उद्देश्य है:

ए] <u>सिस्टमपरदबावडालें</u>

बी] वायु जल परिसंचरण में वृद्धि

सी]सिस्टम में वैक्यूम विकसित करने में मदद

डी] दबाव बनाने से बचें

352] निम्नलिखित कारणों में से एक इंजन के अधिक गर्म होने में भी योगदान दे सकता है

ए] <u>भराहुआरेडिएटरकोर</u>

बी]कम निष्क्रिय गति सेटिंग

सी]अत्यधिक वाल्व टैपेट निकासी

डी]चिकनाई तेल का दबाव बहुत अधिक है

353] सिलेंडर हेड या ब्लॉक पर लगा हुआ

ए] फिन्स

बी] रेडिएटर

सी] फैन

डी] <u>पानीपंप</u>

354] पानी पंप चलाता है

ए] दबाव राहत वाल्व

बी] <u>इंजनफैनबेल्ट</u>

सी] रेडिएटर नाली प्लग

डी] ओवर फ्लो पाइप

355] यदि थर्मोस्टेट वाल्व खुली स्थिति में रहता है तो निम्न में से क्या होगा

ए] <u>इंजनतकधीमीगतिसेवार्मिंग</u>

बी]इंजन गर्मी से अधिक हो जाएगा

सी]इंजन शुरू करने में विफल रहता है

D]इंजन का रुकना

thermostat valve

thermostat

वाहन में थर्मोस्टेट वाल्व

356]शुष्क नाबदान स्नेहन प्रणाली में, एक मैला ढोने वाले पंप का उपयोग किया जाता है

ए] नाबदानसेटैंकतकतेलपंपकरें

बी] सभी चलती भागों में सीधे तेल पंप करें

सी] अतिरिक्त तेल दबाव विकसित करें

डी] टैंक से योग तक तेल पंप करें

357]स्नेहन प्रणाली में अत्यधिक तेल दबाव किसके कारण हो सकता है

ए] नाबदान में इंजन तेल की कम मात्रा

बी] राहतवाल्वकागलतसमायोजन

सी] चूषण पाइप पर कम चूषण प्रभाव

डी] उपरोक्त में से कोई नहीं

358] निम्नलिखित में से कौन सा घटक निकास गैसों के शोर को कम करता है?

ए] निकास पाइप
बी] मफलर
सी] <u>इनलेट मैनिफोल्ड</u>
डी] पूंछ पाइप।
359] एयर कंप्रेसर द्वारा संचालित
ए] भारी शुल्क इंजन शुरू करने के लिए
बी] स्टार्टर मोटर
सी] हाइड्रोलिक क्रैंकिंग
डी] <u>इलेक्ट्रिक मोटर</u>
360] सिस्टम को संपीड़ित हवा प्रदान करता है
ए] <u>एयरकंप्रेसर</u>
बी] अनलोडर वाल्व
सी] सुरक्षा वाल्व
डी] ब्रेक चैम्बर
361] एयर कम्प्रेसर का उपयोग के लिए किया जाता है
ए] <u>बहुउद्देश्यीय</u>
B] केवल कार उठाने के लिए
सी] पहिया उठाने और हटाने के लिए
D] छेनी को पीसने के लिए।
362] एयर कंप्रेसर में, सुरक्षा उपकरण का उपयोग करने के लिए किया जाता है
ए] हवा चूसने के लिए
बी] हवा को पूरी तरह से मुक्त करने के लिए
सी] वायु दाब को नियंत्रित करने के लिए
डी] <u>अतिरिक्त वायुदाब को मुक्त करने के लिए</u>।
363] हवा कंप्रेसर में प्रयुक्त
ए] <u>दबाव नापने का यंत्र</u>
बी] तेल टैंक
सी] तेल स्प्रे बंदूक
डी] कार लहरा
364] सिलेंडर में प्रवेश करने वाली हवा को साफ करता है
ए] एयर हॉर्न
बी] ईंधन कटोरा
सी] <u>एयरक्लीनर</u>
डी] एयर ब्लीड

365] ईंधन ले जाता है
ए] कार्बोरेटर
बी] पंप
सी] पाइप लाइन
डी] <u>पेट्रोलटैंक</u>
366] पेट्रोल स्टोर करता है
ए] कार्बोरेटर
बी] पंप
सी] पाइप लाइन
डी] <u>पेट्रोलटैंक</u>
367] इंजन को पेट्रोल पहुंचाता है
ए] <u>कार्बोरेटर</u>
बी] पंप
सी] पाइप लाइन
डी] पेट्रोल टैंक

fuel pump1

fuel pump

वाहन में ईंधन पंप

368] कार्बोरेटर को पेट्रोल वितरित करता है

ए] कार्बोरेटर
बी] पंप
सी] पाइप लाइन
डी] पेट्रोल टैंक
369] पेट्रोल रखता है
ए] एयर हॉर्न
बी] ईंधनकटोरा
सी] एयर क्लीनर
डी] एयर ब्लीड
370] अगर एक सिलेंडर में पेट्रोल हवा का मिश्रण संकुचित होता है
A] इसका आयतन कम हो जाता है
बी] इसका दबाव बढ़ जाएगा
C] इसका तापमान बढ़ जाएगा
डी] उपरोक्तसभीहोगा
371]सक्शन स्ट्रोक के दौरान पेट्रोल इंजन में खींचा गया चार्ज होता है
ए] केवल हवा
B. वायुऔरपेट्रोलकामिश्रण
सी] पेट्रोल केवल
डी] पेट्रोल के अलावा अन्य ईंधन

petrol engine1

diesel petrol engine

कार में पेट्रोल इंजन

372] एक पेट्रोल इंजन में वायु ईंधन मिश्रण को के दौरान बनाए गए वैक्यूम के कारण सिलेंडर में खींचा जाता है

ए] पावर स्ट्रोक

बी] निकास स्ट्रोक

सी] सक्शनस्ट्रोक

डी] संपीड़न स्ट्रोक

373] एक पेट्रोल इंजन की उच्च ईंधन खपत के कारण हो सकता है

ए] कार्बोरेटरसेईंधनकारिसाव

बी] स्नेहन प्रणाली में दोष

सी] सेवन में हवा का रिसाव कई गुना

डी] गलत निष्क्रिय गति (बहुत कम)

374] एक कार्बोरेटर में फ्लोट सर्किट प्रदान किया जाता है

ए] ईंधन वाष्प को स्टोर करने के लिए

बी] हवा और ईंधन के मिश्रण की आपूर्ति करने के लिए

C] फ्लोटचैंबरमेंईंधनकाउचितस्तरबनाएरखनेकेलिए

डी] उपरोक्त में से कोई नहीं

375] इंजन की गति बढ़ाएं या घटाएं

बी] स्पीडोमीटर

सी] क्लच पेडल

डी] इग्निशन स्विच

ई] त्वरक

376] अन्य वाहन को ओवरटेक करने की अनुमति देते समय

ए] तेज

बी] त्वरक कम करें

सी] वाहन बंद करो

डी] वाहन को दाईं ओर ले जाएं।

377] ईंधन पकड़ने वाली आग

ए] टीडीसी

बी] साइकिल

सी] बीडीसी

डी] इग्निशन

378] टैंक को बाहरी रूप से सील करना।

ए] बफल्स

बी] फिल्टरकैप

सी] चक्कर में पैसेज

डी] फिलर नेक

379] टैंक में ईंधन की कमी को रोकता है

ए] बफल्स

बी] फिल्टर कैप

सी] चक्कर में पैसेज

डी] फिलर नेक

380] टैंक में ईंधन भरने के लिए

ए] बफल्स

बी] फिल्टर कैप

सी] चक्कर में पैसेज

डी] <u>फिलरनेक</u>

381] एक डिब्बे से दूसरे डिब्बे में ईंधन स्थानांतरित करने के लिए

ए] बफल्स

बी] फिल्टर कैप

सी] <u>चक्करमेंपैसेज</u>

डी] फिलर नेक

382] मूविंग कॉइल इंस्ट्रूमेंट किसके प्रभाव पर काम करता है...

ए] रासायनिक प्रभाव

बी] ताप प्रभाव

सी] इलेक्ट्रोस्टैटिक प्रभाव

डी] <u>विद्युतचुम्बकीयप्रभाव</u>

383] बैटरी पावर

ए] भारी शुल्क इंजन शुरू करने के लिए

बी] <u>स्टार्टर मोटर</u>

सी] हाइड्रोलिक क्रैंकिंग

डी] इलेक्ट्रिक मोटर

starter winding

armature2 mmv Starter winding armature

वाहन में स्टार्टर वाइंडिंग आर्मेचर

384] परिनालिका के दो टर्मिनलों को कनेक्ट करें।

ए] पिनियन

बी] ओवर रनिंग क्लच

सी] सवारडिस्क

डी] क्लच

385] जब हॉर्न का बटन दबाया जाता है तो करंट प्रवाहित होकर हॉर्न में जाता है

ए] हॉर्न स्विच

बी] सोलेनॉइड कॉइल

सी] बैटरी

डी] चेसिस।

386] कोर को चुंबक में बदल देता है

ए] सोलेनॉइड स्विच

बी] सक्रिय तार (गर्म होने पर)

सी] गिट्टी प्रतिरोधी

डी] सक्रिय तार (ठंडा होने पर)

387] एक कार में अल्टरनेटर 4ए वितरित करता है और इसके टर्मिनलों में 3 ओम का भार जुड़ा होता है। परिपथ का वोल्टेज ज्ञात कीजिए

ए] 18वी

बी] 24V

सी] 12वी

डी] 16वी

dynamo distributor cap6

mmv distributor cap

इंजन में डायनमो (अल्टरनेटर) डिस्ट्रीब्यूटर कैप
औद्योगिक प्रशिक्षण संस्थान
मासिक टेस्ट-1, अंक- 20, दिनांकः- ____________________
(प्रत्येक प्रश्न दो अंक का होता है)

1-06] एसएस सिस्टम का लाभ है ------
ए] उत्पादकता में वृद्धि
बी] गुणवत्ता में वृद्धि
सी] समय की बर्बादी में कमी
डी] ये सभी
2-07] सुरक्षा है -----------
ए] किसी का व्यवसाय नहीं
बी] हर बॉडी बिजनेस
सी] कुछ निकायों का व्यवसाय
डी] संगठन व्यवसाय
3-08] सुरक्षा संकेतों की बुनियादी श्रेणियों के लिए उपलब्ध हैं "निषेध" चिह्न का अर्थ ----
ए] दिखाता है कि यह नहीं किया जाना चाहिए

बी] दिखाता है कि क्या किया जाना चाहिए

सी] खतरे या खतरे की चेतावनी देता है

डी] सुरक्षा प्रावधान की जानकारी देता है

4-09] कौन सी वर्कशॉप सेफ्टी है?

ए] दुकान के फर्श को साफ और ग्रीस, तेल या अन्य फिसलन सामग्री से मुक्त रखें

बी] गति बदलने से पहले मशीन बंद करो

सी] फटे या चिपके हुए औजारों का प्रयोग न करें

D] चल रही मशीन को हाथ से रोकने की कोशिश न करें

5-10] पर्सनल प्रोटेक्ट इक्विपमेंट (पीपीई) में हेल्मेट का इस्तेमाल किया जाता है

ए] सिर की रक्षा करें

बी] आंखों की रक्षा करें

सी] हाथों की रक्षा करें

डी] कानों की रक्षा करें

6-11] निम्नलिखित में से कौन सामान्य सुरक्षा से संबंधित है?

A एक कार्यकर्ता को अच्छे व्यवहार में रखें

बी] काम साफ और स्पष्ट

सी] अपने काम पर ध्यान लगाओ

डी] फर्श और गैंगवे को साफ और साफ रखें

7-12] पीसते समय आंखों की सुरक्षा के लिए किसका प्रयोग किया जाता है?

ए] गहरा हरा कांच

बी] मुखौटा

सी] धूप का चश्मा

डी] सुरक्षा चश्मा

8-13] मशीन की सुरक्षा के लिए निम्नलिखित में से क्या किया जाता है?

ए] मशीन शुरू करने से पहले तेल के स्तर की जांच करें

बी] चीजों को व्यवस्थित तरीके से करें

सी] फर्श और गैंगवे को साफ और साफ रखें

डी] डाई और स्कार्फ का प्रयोग न करें

9-14] पर्सनल प्रोटेक्ट इक्विपमेंट (पीपीई), 'स्लीव्स' का इस्तेमाल ---------- की सुरक्षा के लिए किया जाता है

एक चेहरा

बी] आंखें

सी] कान

डी] हाथ

10-15] एबीसी का मतलब --------------

ए] स्वचालित श्वास नियंत्रण

बी] स्वचालित रक्त नियंत्रण

सी] वायुमार्ग श्वास परिसंचरण

डी] स्वचालित रक्त परिसंचरण

औद्योगिक प्रशिक्षण संस्थान

मासिक टेस्ट -2, अंक- 20, तिथि:- _______________

(प्रत्येक प्रश्न दो अंक का होता है)

1-21] डेटम किनारे के समानांतर समानांतर रेखाओं को चिह्नित करने के लिए इस्तेमाल किया जाने वाला उपकरण है -

ए] जेनी कैलिपर

बी] डिवाइडर

सी] बाहरी कैलिपर

डी] कैलिपर के अंदर

2-22] निम्नलिखित में से कौन सा एक अप्रत्यक्ष माप उपकरण है?

ए] बाहरी कैलिपर

बी] वर्नियर कैलिपर

सी] स्टील नियम

डी] बाहरी माइक्रोमीटर

3-23] अंकन के दौरान संदर्भ सतह किसके द्वारा प्रदान की जाती है...

ए] भूतल गेज

बी] वर्कपीस

सी] काम का चित्रण

डी] तालिका की सतह को चिह्नित करना

4-24] यूनिवर्सल सरफेस गेज का वह भाग जो एक डेटम एज के साथ समानांतर रेखा खींचने में मदद करता है, वह है ..

ए] रॉकर आर्म

बी] सुखद

सी] ठीक समायोजन पेंच

डी] गाइड पिन

5-25] स्क्राइबर किससे बने होते हैं...

ए] माइल्ड स्टील

बी] उच्च कार्बन स्टील

सी] पीतल

डी] कच्चा लोहा

6-26] हथौड़े को ठीक करने के लिए प्रयुक्त हथौड़े का भाग है...

एक चेहरा

बी] पीन

सी] गाल

डी] आँख का छेद

7-27] अंकन के उद्देश्य से हथौड़े का वजन है...

ए] 250g

बी] 500g

सी] 1 किलो

डी] 2 किग्रा

8-28] डिवाइडर का आकार किसके द्वारा निर्दिष्ट किया जाता है...

ए] पैरों की कुल लंबाई

बी] पूरी तरह से खुलने पर बिंदुओं के बीच की दूरी

सी] बिंदुओं के बिना पैरों की लंबाई

डी] धुरी और बिंदु के बीच की दूरी

9-29] केंद्र का पता लगाने के लिए इस्तेमाल किए जाने वाले पंच का नाम बताइए।

A] प्रिक पंच 30°

B] प्रिक पंच 60°

सी] केंद्र पंच

डी] डॉट पंच

10-30] सेंटर पंच का पॉइंट एंगल -------- होता है

ए] 30 डिग्री

बी] 50 डिग्री

सी] 900

डी] 1200

औद्योगिक प्रशिक्षण संस्थान

मासिक टेस्ट-3, अंक- 20, दिनांक:- ____________________

(प्रत्येक प्रश्न दो अंक का होता है)

1-36] एक इंजीनियर के वाइस का आकार किसके द्वारा निर्दिष्ट किया जाता है...

ए] जंगम जबड़े की लंबाई

बी] जबड़े की चौड़ाई

सी] वाइस की ऊंचाई

D] जबड़ों का अधिकतम खुलना

2-37] स्क्राइबर का पॉइंट एंगल ----------- होता है
ए] 30 डिग्री
बी] 60 डिग्री
सी] 5° से 10°
डी] 12° से 15°
3-38] कच्चा लोहा काटने के लिए काटने का कोण है...
ए] 37.5?
बी] 55?
सी] 60?
डी] 90?
4-39] छेनी सामग्री में खोदेगी जब...
ए] रेक कोण अधिक है
बी] निकासी कोण बहुत कम है
सी] झुकाव का कोण अधिक है
डी] झुकाव का कोण बहुत कम है
5-40] अत्याधुनिक को थोड़ा उत्तलता दी जाती है...
ए] घुमावदार सतहों को काटें
बी] तेज कोनों को काटें
सी] सिरों की खुदाई रोकें
डी] स्नेहक को प्रवेश करने दें
6-41] सरफेस प्लेट्स किसकी बनी होती हैं...
ए] उच्च ग्रेड कास्ट स्टील
बी] महीन दाने वाला कच्चा लोहा
सी] मिश्र धातु स्टील्स
डी] गढ़ा लोहा
7-42] सतह की प्लेटें उनकी लंबाई और चौड़ाई से निर्दिष्ट होती हैं और . में होती हैं
ए] डेसीमीटर
बी] घन मीटर
सी] बेलनाकार
8-43] अंकन से बचने के लिए तैयार ट्यूबलर रिंच सतहों पर उपयोग किया जाता है।
ए] स्टिलसन पाइप
बी] चेन रिंच
सी] पट्टा रिंच
डी] पदचिहन रिंच

9-44] सीमित स्थानों में पाइप और गोल स्टॉक को पकड़ने और मोड़ने के लिए प्रयुक्त होता है।

ए] स्टिलसन पाइप

बी] चेन रिंच

सी] पट्टा रिंच

डी] पदचिह्न रिंच

10-45] इयर्ज व्यास के पाइप रखने के लिए उपयोग किया जाता है।

ए] स्टिलसन पाइप

बी] चेन रिंच

सी] पट्टा रिंच

डी] पदचिह्न रिंच

औद्योगिक प्रशिक्षण संस्थान

मासिक टेस्ट -4, अंक- 20, दिनांक:- ______________

(प्रत्येक प्रश्न दो अंक का होता है)

1-266] वाहन को उठाने के लिए प्रयोग किया जाता है

ए] दबाव नापने का यंत्र

बी] तेल टैंक

सी] तेल स्प्रे बंदूक

डी] कार लहरा

2-267] कार लहरा में प्रयुक्त

ए] दबाव नापने का यंत्र

बी] तेल टैंक

सी] तेल स्प्रे बंदूक

डी] कार लहरा

3-268] डीजल चक्र में दहन होता है

ए] लगातार दबाव

बी] लगातार मात्रा ''

सी] लगातार तापमान

डी] लगातार तापमान और दबाव।

4-269] रुडोल्फ डीजल ने एक Cl.engine विकसित किया

ए] 1876

बी] 1880

सी] 1892

डी] 1930

5-270] पर्किन्स ने 'पी' सीरीज इंजन का निर्माण किया
ए] 1876
बी] 1880
सी] 1892
डी] 1930
6-271] NA OTTO ने एक 4 स्ट्रोक साइकिल इंजन विकसित किया
ए] 1876
बी] 1880
सी] 1892
डी] 1930
7-272] डगल्ड क्लर्क ने 2 स्ट्रोक साइकिल इंजन विकसित किया
ए] 1876
बी] 1880
सी] 1892
डी] 1930
8-273] एक क्षैतिज रेखा में सभी सिलेंडर
ए] 'वी' इंजन
बी] इनलाइन इंजन
सी] विरोध इंजन
डी] रेडियल इंजन
9-274] 'वी' आकार में स्थित सिलेंडर
ए] 'वी' इंजन
बी] इनलाइन इंजन
सी] विरोध इंजन
डी] रेडियल इंजन
10-275] सिलिंडर रेडियल रूप से स्थित हैं
ए] 'वी' इंजन
बी] इनलाइन इंजन
सी] विरोध इंजन
डी] रेडियल इंजन

औद्योगिक प्रशिक्षण संस्थान

मासिक टेस्ट -5, अंक- 20, तिथिः- ________________

(प्रत्येक प्रश्न दो अंक का होता है)

1-276] सिलेंडर एक दूसरे के विपरीत क्षैतिज रूप से व्यवस्थित होते हैं

ए] 'वी' इंजन
बी] इनलाइन इंजन
सी] विरोध इंजन
डी] रेडियल इंजन
2-277] पार्किंग लाइट सह संकेतक के रूप में उपयोग किया जाता है
ए] एक सममित बल्ब
बी] लघु बल्ब
सी] फेस्टून बल्ब
डी] एससी / एसएफ
3-278] नो प्लेट लैंप और ब्रेक लैंप के रूप में उपयोग किया जाता है
बी] लघु बल्ब
सी] फेस्टून बल्ब
डी] एससी / एसएफ
ई] डीसी / डीएफ
4-279] टू व्हीलर टेल लैंप के रूप में उपयोग किया जाता है
ए] एक सममित बल्ब
बी] लघु बल्ब
सी] फेस्टून बल्ब
डी] एससी / एसएफ
5-280] पैनल उपकरण दीपक के रूप में प्रयुक्त
ए] एक सममित बल्ब
बी] लघु बल्ब
सी] फेस्टून बल्ब
डी] एससीआईएस.एफ.
6-281] हेडलाइट बल्ब के रूप में उपयोग किया जाता है
ए] एक सममित बल्ब
बी] लघु बल्ब
सी] फेस्टून बल्ब
डी] एससीआईएस.एफ.
7-282] हेड लाइट के पुर्जों को में बदला जा सकता है
ए] सीलबंद बीम
बी] फ्लश फिटिंग प्रकार
सी] प्रीफोकस्ड बल्ब
डी] हलोजन बल्ब।

8-283] हेड लाइट का उपयोग के रूप में भी किया जाता है
ए] साइड इंडिकेटर
बी] स्टॉप इंडिकेटर
सी] सिग्नलिंग डिवाइस
डी] हीटिंग डिवाइस।
9-284] शेल प्रकाश किरणों को सड़क पर निर्देशित करने के लिए
ए] हेडलैम्प
बी] परावर्तक
सी] लेंस
डी] एडॉप्टर
10-285] बल्ब को होल्डर में रखने के लिए
ए] हेडलैम्प
बी] परावर्तक
सी] लेंस
डी] एडॉप्टर

औद्योगिक प्रशिक्षण संस्थान

मासिक टेस्ट -6, अंक- 20, तिथिः- ______________

(प्रत्येक प्रश्न दो अंक का होता है)

1-286] रोशनी पैदा करने के लिए
बी] परावर्तक
सी] लेंस
डी] एडॉप्टर
ई] बल्ब
2-287] फ्लैट अंडाकार आकार की बीम का उत्पादन करने के लिए
ए] हेडलैम्प
बी] परावर्तक
सी] लेंस
डी] एडॉप्टर
3-288] परावर्तक को स्थिति में रखने के लिए
ए] हेडलैम्प
बी] परावर्तक
सी] लेंस
डी] एडॉप्टर
4-289] यह इंगित करने के लिए कि वाहन को ब्रेक लगाया जा रहा है

ए] हेडलाइट
बी] पार्किंग लाइट
सी] प्रकाश बंद करो
डी] पैनल लाइट
5-290] गेजों की कार्यप्रणाली को पढ़ने के लिए
ए] हेडलाइट
बी] पार्किंग लाइट
सी] प्रकाश बंद करो
डी] पैनल लाइट
6-291] सड़क पर रोशनी प्रदान करने के लिए
ए] हेडलाइट
बी] पार्किंग लाइट
सी] प्रकाश बंद करो
डी] पैनल लाइट
7-292] वाहन की पार्किंग को इंगित करने के लिए
ए] हेडलाइट
बी] पार्किंग लाइट
सी] प्रकाश बंद करो
डी] पैनल लाइट
8-293] सिलेंडर के सिर से फुफकारने का क्या कारण है?
ए] अत्यधिक टैपेट निकासी
बी] गलत इंजेक्शन समय
सी] पाई-इग्निशन
डी] एयर क्लीनर बढ़ते ढीले।
9-294] सिलेंडर हेड या ब्लॉक पर लगा हुआ
ए] फिन्स
बी] रेडिएटर
सी] फैन
डी] पानी पंप
10-295] सिलेंडर के अंदर और बाहर दोनों तरह से तरल पदार्थ की अनुमति देता है
ए] पिस्टन
बी] पुश रॉड
सी] प्राथमिक कप
डी] चेक वाल्व

औद्योगिक प्रशिक्षण संस्थान

मासिक टेस्ट-7, अंक- 20, दिनांकः- ____________________

(प्रत्येक प्रश्न दो अंक का होता है)

1-296] एयर टैंक से हवा के अतिरिक्त दबाव से राहत देता है।

ए] एयर कंप्रेसर

बी] अनलोडर वाल्व

सी] सुरक्षा वाल्व

डी] ब्रेक चैम्बर

2-297] अधिकतम वायु दाब को नियंत्रित करता है, वायु टैंक तक पहुँचता है।

ए] एयर कंप्रेसर

बी] अनलोडर वाल्व

सी] सुरक्षा वाल्व

डी] ब्रेक चैम्बर

3-298] हवा से आगे और पीछे के ब्रेक की आपूर्ति करता है

ए] ब्रेक एक्ट्यूएटर

बी] दोहरी ब्रेक वाल्व

सी] सिस्टम सुरक्षा वाल्व

डी] फ्लिक वाल्व

4-299] वाहन पार्क करने के लिए संचालित।

ए] ब्रेक एक्ट्यूएटर

बी] दोहरी ब्रेक वाल्व

सी] सिस्टम सुरक्षा वाल्व

डी] फ्लिक वाल्व

5-300] विभिन्न सर्किटों में हवा वितरित करता है

ए] ब्रेक एक्ट्यूएटर

बी] दोहरी ब्रेक वाल्व

सी] सिस्टम सुरक्षा वाल्व

6-301] वाल्वों को बंद स्थिति में रखता है

ए] पुश रॉड

बी] Tappet

सी] वसंत

डी] कैम लोब

7-302] ईंधन को अंदर और बाहर बहने दें

ए] वाल्व

बी] कुंडल वसंत

सी] डायाफ्राम

डी] रॉकर आर्म

8-303] शीतलक को विस्तार टैंक में जाने देता है

ए] दबाव राहत वाल्व

बी] इंजन फैन बेल्ट

सी] रेडिएटर नाली प्लग

डी] ओवर फ्लो पाइप

9-304] एक अतिप्रवाह वाल्व का उपयोग किया जाता है

ए] ईंधन भराव से अतिरिक्त ईंधन वापस भेजने के लिए

बी] ईंधन फिल्टर को अधिक ईंधन की आपूर्ति करने के लिए

सी] स्वच्छ ईंधन की आपूर्ति करने के लिए

डी] लीक होने वाले ईंधन को लेने के लिए

10-305] फीड पंप किसके द्वारा संचालित होते हैं

ए] इंजन का कैंषफ़्ट

बी] एफआईपी का कैंषफ़्ट

सी] टाइमिंग गियर्स

डी] इंजन से इंजन में भिन्न होता है।

औद्योगिक प्रशिक्षण संस्थान

मासिक टेस्ट -8, अंक- 20, तिथि:- ______________

(प्रत्येक प्रश्न दो अंक का होता है)

1-306] तेल पंप सामान्यतः किसके द्वारा संचालित होते हैं

ए] कैंषफ़्ट

बी] घुमाव शाफ्ट

सी] क्रैंकशाफ्ट

डी] स्पंज चरखी

2-307]इंजन किसके कारण कम शक्ति विकसित करता है

ए] दोषपूर्ण इग्निशन टाइमिंग

बी]अत्यधिक समृद्ध मिश्रण

सी]दोषपूर्ण स्नेहन प्रणाली

डी] बहुत तंग सिलेंडर सिर

3-308] द्रव पर दबाव बनाता है

ए] ब्रेक पेडल

बी] मास्टर सिलेंडर पिस्टन

सी] व्हील सिलेंडर पिस्टन

डी] वितरण खंड

4-309] लिंकेज के माध्यम से मास्टर सिलेंडर पिस्टन को धक्का देता है।

ए] ब्रेक पेडल

बी] मास्टर सिलेंडर पिस्टन

सी] व्हील सिलेंडर पिस्टन

डी] वितरण खंड

5-310] पिस्टन को सक्रिय करता है

ए] पिस्टन

बी] पुश रॉड

सी] प्राथमिक कप

डी] चेक वाल्व

6-311] द्रव पर दबाव विकसित करता है

ए] पिस्टन

बी] पुश रॉड

सी] प्राथमिक कप

डी] चेक वाल्व

7-312] पिस्टन का विस्थापन आयतन

ए] |.एचपी

बी] बह मात्रा

सी] यांत्रिक दक्षता

डी] हॉर्स पावर

8-313] सिलेंडर में पिस्टन के नीचे की ओर गति का प्रारंभिक बिंदु

ए] टीडीसी

बी] साइकिल

सी] बीडीसी

डी] इग्निशन

9-314] सिलेंडर में पिस्टन के ऊपर की ओर गति का प्रारंभिक बिंदु

ए] टीडीसी

बी] साइकिल

सी] बीडीसी

डी] इग्निशन

10-315] ब्लो बाई को रोकता है

ए] पिस्टन

बी] पिस्टन पिन

सी] कनेक्टिंग रॉड

डी] पिस्टन के छल्ले

औद्योगिक प्रशिक्षण संस्थान

मासिक टेस्ट-9, अंक- 20, दिनांकः- ________________

(प्रत्येक प्रश्न दो अंक का होता है)

1-316] सिलेंडर में घूमता है

ए] पिस्टन

बी] पिस्टन पिन

सी] कनेक्टिंग रॉड

डी] पिस्टन के छल्ले

2-317] पिस्टन और कनेक्टिंग रॉड को जोड़ता है

ए] पिस्टन

बी] पिस्टन पिन

सी] कनेक्टिंग रॉड

डी] पिस्टन के छल्ले

3-318] बेलन में दोलन करता है

ए] पिस्टन

बी] पिस्टन पिन

सी] कनेक्टिंग रॉड

डी] पिस्टन के छल्ले

4-319]कनेक्टिंग रॉड के ऊपर और नीचे के हिस्सों को बोल्ट किया गया है

ए] क्रैंकशाफ्ट मैन जर्नल

बी] क्रैंकपिन जर्नल

सी] कैंषफ़्ट

डी] पिस्टन पिन बॉस

5-320] क्रैंकशाफ्ट मुख्य जर्नल और क्रैंक पिन के बीच एक छेद ड्रिल किया जाता है

ए] क्रैंकशाफ्ट का संतुलन

बी] क्रैंकशाफ्ट वजन कम करना

सी] स्नेहन कनेक्टिंग रॉड बेयरिंग

डी] क्रैंकशाफ्ट कंपन को कम करना

6-321] पारस्परिक गति को घूर्णन गति में परिवर्तित करता है

ए] क्रैंकशाफ्ट

बी] चक्का

सी] टोक़ रिंच
डी] जोर असर
7-322] कार्रवाई को खींचने और धक्का देने के लिए रोटरी आंदोलन
ए] वाइपर मोटर
बी] क्रैंकिंग लिंक
सी] पिनियन
डी] वाइपर ब्लेड
8-323] व्हील हब बियरिंग्स को समायोजित करता है।
ए] किंगपिन
बी] स्प्रिंग पैड
सी] स्टब एक्सल शाफ्ट भाग
डी] ट्रैक रॉड बॉल जोड़ों
9-324] ड्रॉ प्लेट के साथ धक्का
ए] क्लच कवर
बी] रिलीज असर
सी] उंगलियों को छोड़ दें
डी] क्लच प्लेट
10-325] जोर भार लेता है
ए] क्रैंकशाफ्ट
बी] चक्का
सी] टोक़ रिंच
डी] जोर असर

औद्योगिक प्रशिक्षण संस्थान

मासिक टेस्ट-10, अंक- 20, दिनांक:- ____________________

(प्रत्येक प्रश्न दो अंक का होता है)

1-326]वितरक शाफ्ट द्वारा समर्थित है
ए] बॉल बेयरिंग
बी] खोल असर
सी] झाड़ी असर
डी] सुई असर
2-327] ऊर्जा स्टोर करता है
ए] क्रैंकशाफ्ट
बी] चक्का
सी] टोक़ रिंच

डी] जोर असर

3-328] फ्लाईव्हील रिंग के साथ संलग्न है

ए] पिनियन

बी] ओवर रनिंग क्लच

सी] सवार डिस्क

डी] क्लच

4-329] फ्लाईव्हील मैग्नेटो में होते हैं

ए] अस्थायी चुंबक

बी] बार चुंबक

सी] स्थायी चुंबक

डी] सुई चुंबक।

5-330] फ्लाईव्हील मैग्नेटो में, इग्निशन कॉइल है

ए] स्थिर

बी] चल रहा है

सी] घूर्णन

डी] दोलन।

6-331] स्थायी चुंबक को घुमाने के लिए

एक स्विच

बी] माध्यमिक कुंडल

सी] चक्का

डी] कंडेनसर

7-332] वाहन को उलटते समय चालक को नियंत्रण करना चाहिए

ए] क्लच

बी] फॉरवर्ड गियर

सी] त्वरक

डी] हैंड ब्रेक।

8-333] क्लच प्लेट असेंबली में एक सेंटर स्टील डिस्क होती है, जिसमें स्प्रिंग के साथ रिवेट किया जाता है

ए] ताकत

बी] लचीलापन

सी] कम शोर

डी] झटके अवशोषित

9-334] कुत्ते के चंगुल का प्रयोग किया जाता है

ए] गियर बॉक्स

बी] घर्षण चंगुल
सी] ब्रेक
डी] अंतर
10-335] सिंक्रोमेश तंत्र प्रदान किया जाता है
ए] वाहन की गति बढ़ाना
बी] वाहन की गति को कम करना
C] स्मूथ गियर एंगेजमेंट’
डी] उपरोक्त में से कोई नहीं।

औद्योगिक प्रशिक्षण संस्थान

मासिक टेस्ट-11, अंक- 20, दिनांकः- ____________________

(प्रत्येक प्रश्न दो अंक का होता है)

1-336] केवल स्पर गियर का उपयोग किया जाता है
ए] स्लाइडिंग जाल
बी] सिंक्रोमेश
सी] डबल डिक्लचिंग
डी] स्थानांतरण मामला
2-337] चिकनी गियर शिफ्टिंग के लिए प्रयुक्त
ए] स्लाइडिंग जाल
बी] सिंक्रोमेश
सी] डबल डिक्लचिंग
डी] स्थानांतरण मामला
3-338] हार्ड गियर शिफ्टिंग किसके कारण होती है
ए] घिसा हुआ क्लच डिस्क
बी] क्षतिग्रस्त मुख्य शाफ्ट बीयरिंग
सी] तुल्यकालन इकाई क्षतिग्रस्त
डी] गियरबॉक्स में अत्यधिक तेल।
4-339] गियर स्लिप किसके कारण होता है
ए] पहना हुआ सिंक्रोनाइज़र
बी] घिसा हुआ क्लच डिस्क
सी] सूखी मुख्य शाफ्ट असर
डी] क्लच का कमजोर दबाव वसंत।
5-340] विशेष गियर में शोर किसके कारण होता है
ए] अपर्याप्त क्लच पेडल फ्री प्ले
बी] क्षतिग्रस्त गियर दांत

सी] फटा गियर बॉक्स केस

डी] क्षतिग्रस्त सिंक्रोमेश इकाई।

6-341] गियरशिफ्ट लीवर का उपयोग के लिए किया जाता है

ए] रिलीजिंग क्लच

बी] गियर बदलना

C] इंजन की गति बढ़ाना

डी] वाहन की दिशा को नियंत्रित करना।

7-342] किस प्रकार के स्टीयरिंग गियर बॉक्स में चर स्टीयरिंग राशन प्राप्त किया जाता है?

ए] वर्म और रोलर स्टीयरिंग गियर

बी] वर्म और नट स्टीयरिंग गियर

सी] वर्म और सेक्टर स्टीयरिंग गियर

डी] रैक और पिनियन स्टीयरिंग गियर

8-343] के माध्यम से वाहन अलग गति प्राप्त करता है

ए] गियर बॉक्स

बी] क्लच

सी] अंतर

डी] रियर एक्सल और व्हील

9-344] कुत्ते के चंगुल का प्रयोग किया जाता है

ए] गियर बॉक्स

बी] घर्षण चंगुल

सी] ब्रेक

डी] अंतर

10-345] एक 3 स्पीड गियर बॉक्स में निम्नलिखित संयोजन गियर प्रदान किए जाते हैं

ए] 3 आगे और 1 रिवर्स

बी] 2 आगे और 1 रिवर्स

सी] 4 आगे

डी] 2 आगे और 2 रिवर्स

औद्योगिक प्रशिक्षण संस्थान

मासिक टेस्ट-12, अंक- 20, दिनांक:- ____________________

(प्रत्येक प्रश्न दो अंक का होता है)

1-346] कौन सा गियर अक्षीय विश्वास उत्पन्न नहीं करता है

ए] स्पर गियर

बी] पेचदार गियर

सी] सर्पिल बेवल गियर

डी] बेवल गियर

2-347] कौन सा गियर रोटरी गति को रैखिक गति में परिवर्तित करता है

ए] वर्म गियर्स

बी] हेरिंग बोन गियर

सी] रैक और पिनियन

डी] पेचदार गियर

3-348] गियर स्लिप होने का क्या कारण है

ए] बिना चिकनाई वाला गियर लिंका-गेस

बी] गियर बॉक्स में कम तेल

सी] गियर के टूटे दांत

डी] गियर लीवर का गलत समायोजन

4-349] डिफरेंशियल गियर अनुपात में निम्नलिखित में से किसी एक कथन से गणना की जा सकती है

ए] सन गियर

बी] ग्रह गियर

सी] क्राउन व्हील

डी] पिनियन

5-350]शीतलन प्रणाली में शीतलक के क्वथनांक को किसके उपयोग से बढ़ाया जाता है?

ए] वॉटर जैकेट

बी]वैक्यूम वाल्व केवल

सी]दबाव प्रकार रेडिएटर टोपी

डी] रेडिएटर कोर ट्यूब/पाइप

6-351] प्रेशर रेडिएटर कैप का मुख्य उद्देश्य है:

ए] सिस्टम पर दबाव डालें

बी] वायु जल परिसंचरण में वृद्धि

सी]सिस्टम में वैक्यूम विकसित करने में मदद

डी] दबाव बनाने से बचें

7-352] निम्नलिखित कारणों में से एक इंजन के अधिक गर्म होने में भी योगदान दे सकता है

ए]भरा हुआ रेडिएटर कोर

बी]कम निष्क्रिय गति सेटिंग

सी]अत्यधिक वाल्व टैपेट निकासी
डी]चिकनाई तेल का दबाव बहुत अधिक है
8-353] सिलेंडर हेड या ब्लॉक पर लगा हुआ
ए] फिन्स
बी] रेडिएटर
सी] फैन
डी] पानी पंप
9-354] पानी पंप चलाता है
ए] दबाव राहत वाल्व
बी] इंजन फैन बेल्ट
सी] रेडिएटर नाली प्लग
डी] ओवर फ्लो पाइप
10-355] यदि थर्मोस्टेट वाल्व खुली स्थिति में रहता है तो निम्न में से क्या होगा
ए]इंजन तक धीमी गति से वार्मिंग
बी]इंजन गर्मी से अधिक हो जाएगा
सी]इंजन शुरू करने में विफल रहता है
D]इंजन का रुकना

www.ingramcontent.com/pod-product-compliance
Ingram Content Group UK Ltd.
Pitfield, Milton Keynes, MK11 3LW, UK
UKHW021917190726
13853UKWH00002B/707